阿武隈川物語

―流域の歴史と文化

はじめに

連載「阿武隈川物語　流域の歴史と文化」を構想していた2018年正月、両親がスメタナの連作交響詩「わが祖国」の「ブルタバ（モルダウ）」を録音テープで聴いていた。冷戦中、一党独裁体制下の母国から亡命し、プラハの春で帰国したチェコ人クーベリックの指揮。チェコの人々の魂に息づく「母なる川」の存在感は圧倒的で、心が震えた。

河北新報社記者である筆者は、仙台市の本社外では福島市、岩沼市、白河市、角田市の各総局や支局で取材経験がある。計12年間を阿武隈川沿いで生活し、仕事した。少年時代を過ごした横浜を第一の故郷とすれば、就職先の仙台が第二の故郷、阿武隈川流域は第三の故郷だ。

故郷は、輝かしく楽しい思い出ばかりではない。煩わしさや倦怠《けんたい》、苦い失敗、悲しみを含めて、人の血肉をつくる。筆者にとって阿武隈川流域は、まぎれもない故郷だ。そこに何が刻まれてきたのか、自分の目と足で確かめたい。阿武隈川を縦糸にして、歴史や文化の各テーマの横糸を通し、流域を丸ごと感じたいと思った。

取材すればするほど、「阿武隈川は日本のルビコン川である」との印象を筆者は抱く。古代、中世と日本史の転換点の舞台であり、近代には国策の最前線として国を下支えした。その果ての東京電力福島第1原発事故。国と東電の傲慢《ごうまん》によって山河は汚染され、人々の苦難と分断の悲劇はいまだ終わらない。だが、先人のたゆまぬ努力は堅固だ。市井の良識の奥深さ、ささやかな日常を喜ぶ健全さ。それらの美徳を流域の人々に肌身を通して教えられた。戦争と原発事故。二つの人災に翻弄《ほんろう》されたこの地で今、真に記録されるべきは、大地に根付いて生きてきた誇りだ。出会った人々へのリスペクトを一字一字に込めた。

この地で、子どもを授かった。子どもにゆかりの地域、そこに生きる人々の営みを語り聞かせるつもりで書いた。家庭や学校で自分のまちの物語を読んでいただければ、望外の喜びだ。

本書は2018年5月17日から19年4月1日まで、河北新報に42回にわたって連載された「阿武隈川物語　流域の歴史と文化」に加筆修正し、各部末のコラムなどを書き下ろした。取材対象となった人の肩書、年齢などは掲載時のまま、コラムについては19年4月1日現在とした。

目次

プロローグ

恵みと畏れ　続く営み

那須甲子《かし》連峰に源を発し、福島県中通りを縦断して宮城県南で太平洋に注ぐ東北第2の大河、阿武隈川（全長239キロ）。2011年3月の東日本大震災の津波被害を受けた河口の宮城県亘理町荒浜は、江戸時代に阿武隈川の舟運と海運が結節する港町として発展した。にぎわいを物語る絵図が福島市史編纂《へんさん》室にある。

年貢米を荒浜に

福島市や伊達市などの福島県信達地方は幕府の直轄地だった。年貢米である「御城《ごじょう》米」が、舟運で荒浜に運ばれた。荒浜に幕府の蔵が13棟あったとされ、絵図に「御城米蔵」の記載がある。江戸に廻米《かいまい》した仙台藩や米沢藩の蔵も見える。

絵図は、福島市内の蔵に残されていた個人の所蔵

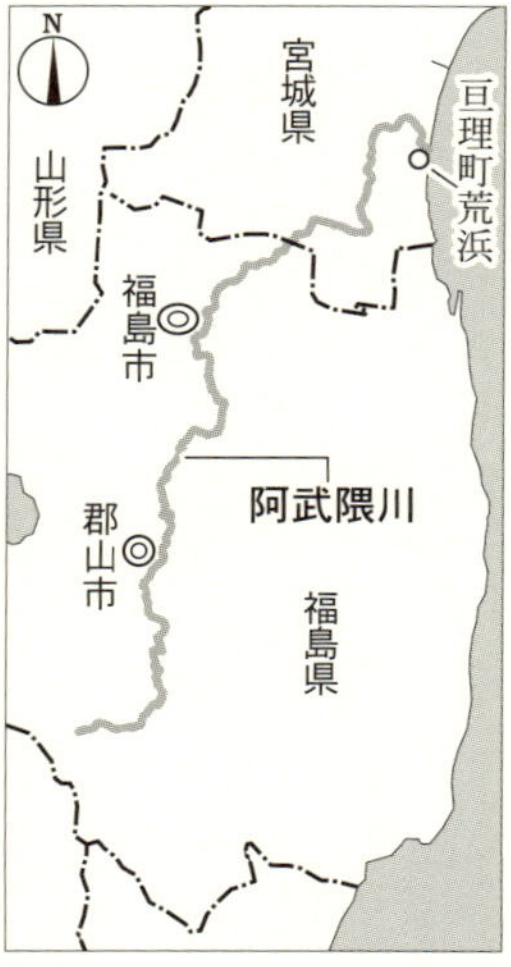

災害と人間の営みを映してきた阿武隈川河口
＝2018年3月11日、宮城県亘理町荒浜

品だ。震災で蔵が傷んだことなどから、編纂室に預けられた。16年には編纂室で展示公開された。

編纂室嘱託職員で、福島県文化財保護審議会委員の守谷早苗さん（66）は「信達の名主層は、御城米の積み荷が引き継がれたか確認する『出役《しゅつやく》』のため、荒浜に赴いている。荒浜の様子が分かる資料は福島にとっても貴重だ」と意義を語る。

高台に米蔵建設

守谷さんは「舟運に関する荒浜の遺構が津波で失われたことは残念。さまざまな形で歴史を伝えていくためにも、絵図を大事に継承したい」と誓う。

御城米蔵があった場所は現在の荒浜小の敷地

だ。一帯は全壊した区域だが学校は周囲より約1・5メートル高台にあり、校舎1階が浸水したにとどまった。亘理町郷土資料館学芸員の菅野達雄さん(48)は「御城米蔵が水没しないよう高台を選んだのだろう。先人の知恵には驚くものがある」と話す。

荒浜は今、力強く復興の歩みを進める。繰り返す災害に立ち向かう人間の営みがある。震災と東京電力福島第1原発事故は、近代に根本的な問いを突き付けた。自然を畏敬し、自然と共存した時代と生活に思いを巡らすことで、近代を再考するよすがを探せないか。

大和政権が勢力を北に拡大するにつれて、蝦夷《えみし》の地は征服と開発の対象となっていった。その最前線だった阿武隈川流域で、歴史を振り返ってみたい。

何より、川は恵みの母であり、恐るべき父であり、寄り添うパートナーや友のような存在だ。東北の母なる川の一つ、阿武隈川流域を歩く。

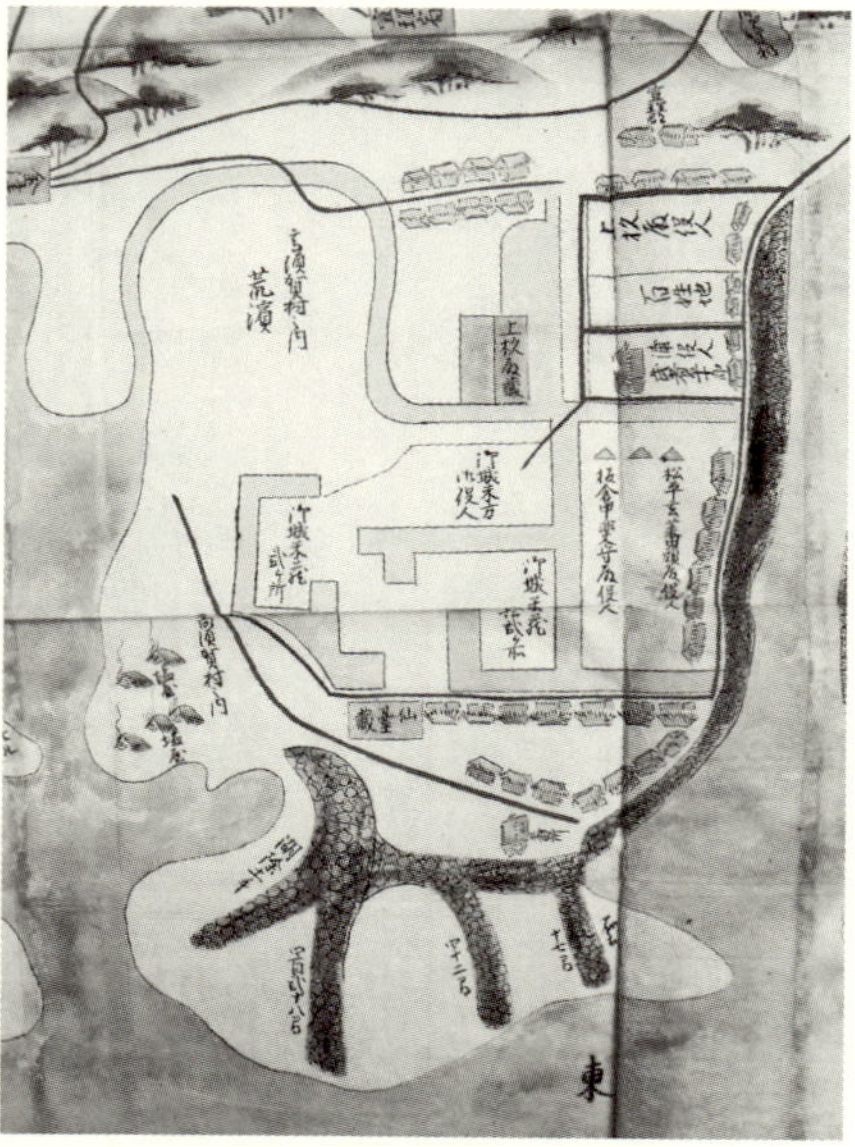

個人蔵「仙台領水沢ヨリ荒濱迄艜(あらはままでひらた)通路川絵図」の部分(福島市教委提供)。幕府の蔵などが建ち並び、荒浜の繁栄を物語る

第1部　舟運

亘理・荒浜（上）

江戸への中継で繁栄

阿武隈川の舟運は、幕府直轄地だった信達地方（福島、伊達両市など）の年貢米である「御城米《ごじょうまい》」輸送で発達した。山形県置賜地方の米も扱い、物流網は広範囲に及んだ。地域の発展に舟運が与えた影響は大きい。ゆかりの深い流域を訪ねた。

港町しのぶ祭り

みこしが威勢良く練り歩き、再建された店舗や災害公営住宅で地域の安全を祈る。２０１１年3月の東日本大震災で被災した宮城県亘理町荒浜地区で18年4月、阿武隈川沿いの川口神社の春季例祭があった。

港町荒浜は江戸への中継基地だった。みこし納めの儀式が特徴的だ。10番ある「気合い（木遣《きや》り）唄」に合わせ、みこしを寄せたり引いたりしてから納める。波のリズムを表すという。

唄い手の元漁師宍戸正さん(90)は「もともと船おろしの唄で、いつからか神社でも歌うようになったと教わった」と言う。漁港は１９６２年に同町の汽水湖・鳥の海に移るまで、川口神社付

津波で被災した荒浜を練り歩く川口神社のみこし渡御

近の阿武隈川にあった。マグロはえ縄船などに乗り組んだ宍戸さんは「30トンの船が20～30隻、川に並んだ。にぎやかだった」と目を細めた。

仙台藩の地誌「安永風土記」によると、荒浜は上流の高須賀村の一村落である「端郷《はごう》」で、初めて「新浜」と記した。１７７９（安永８）年当時の人口は高須賀74人に対し、荒浜１０１８人と大きく上回った。

荒浜の舟は１５７隻。うち１０７隻が、幕府直轄地から荒浜に運ばれた御城米を、海運に積み替える作業などに当たる「御役舟《おやくぶね》」だった。荒浜を発展させたのは阿武隈川舟運だった。

震災で人口半減

荒浜は震災で人口が半減した。川口神社氏子総代長の菊地伸悦さん(73)は「川口神社は荒浜の心

福島県国見町の西大枝深山神社に伝わる「廻米絵馬」。
荒浜で米を積み替える様子が描かれている

のよりどころ。戦争など困難な時代も、先人が祭りを絶やさなかった。次代に伝統を受け継ぐ」と力を込める。

17年まで15年間荒浜の漁協組合長を務めた菊地さんは、津波直前まで漁協事務所に詰め、間一髪で難を逃れた。「津波が阿武隈川をさかのぼって減災につながった。そのまま荒浜を襲ったら、地域はどうなっていたか」と振り返る。

サケを使った郷土料理「はらこめし」も、阿武隈川の恵み。菊地さんは「漁業者は海と川に生かされている。感謝を忘れないことが大事だ」としみじみ語る。

川口神社の別当寺だった成就院の菊地英明住職(70)によると、舟は昭和30年代ごろまで輸送の中心だった。川砂の瓦の生産者が十数軒あり、製品は貞山堀で仙台などに運ばれた。材木が上流から舟で運ばれ、舟大工も多かった。舟が神社を横切って上流にさかのぼるとき、敬意を表して帆を下げたという。

祖先は常陸（茨城県）から来たという菊地住職は実感を込める。「阿武隈川までが坂東で、川で文化圏が分かれていた。川は一昔前まで生活に密着していた」

阿武隈川舟運　１６６４年に本格化。岩場や急流が多い伊達市梁川―宮城県丸森町などの水路が開かれた。御城米輸送に福島市―丸森は約40俵を積んだ「小鵜飼《こうかい》舟」、丸森―宮城県亘理町荒浜は約１００俵を積んだ「艜舟《ひらた》」が使用された。民間物資の輸送に「高瀬舟」も航行した。福島市より上流は難所が多く、幕末まであまり発達しなかった。

亘理・荒浜（下）

貴重な資料　継承誓う

「阿武隈川通荒浜川口御検分」。宮城県亘理町郷土資料館に常設展示される江戸時代の古文書「勤功書上《きんこうかきあげ》」に、幕府直轄地だった信達地方の代官が同町荒浜を視察した記録が残る。確認できる江戸時代中期の１７３３年以降だけで38回ある。

信達地方の「御城米」は阿武隈川舟運で荒浜に運ばれた。荒浜で海運に積み替え、松島湾の寒風沢に送られてから、東廻《まわ》り航路で江戸に送られた。御城米の保管や積み替え作業を担う「浦役

津波がさかのぼった阿武隈川河口を眺める安田さん（中央）たち。郷土史伝承の必要性をかみしめる

人」を荒浜で務めた武者家に伝わるのが勤功書上だ。

200点　津波免れる

河村瑞賢なども滞在した武者家には多くの文物があったが、2011年3月の東日本大震災の津波で古文書や道具類が失われた。残ったのは2階にあった書画など約200点。勤功書上は資料館にあって被災を免れた貴重な資料の一つだ。

資料館は震災後、明治の荒浜の地主、江戸清吉のコレクションなど荒浜関連の企画展を精力的に開き、民具の収集に力を入れる。資料館学芸員菅野達雄さん(48)は「震災で大半の資料が失われたのは残念だが、かけがえのない財産を次代に引き継ぐ」と強調する。

震災3カ月後、NPO法人「宮城歴史資料保全

ネットワーク」（仙台市）が古文書などの救出作業を実施。救出資料などを基に被災地の歴史を伝える「よみがえるふるさとの歴史」（蕃山房）を14年に刊行した。

第1号が「荒浜湊《みなと》のにぎわい」だ。著者のさいたま市博物館学芸員井上拓巳さん(38)は武者家と交流があり、ネットワークの活動にも参加した。

「荒浜には瀬戸内海の塩や蝦夷地（北海道）のサケなど多様な物資が集まり、東廻り航路でもトップクラスの拠点港だった」と解説する井上さん。「震災前と一変した荒浜の光景に衝撃を受けた。資料の内容を後世に伝える意義を感じており、荒浜の歴史の掘り起こしを続けたい」と思いを寄せる。

地元愛好家も汗

地元の郷土史愛好家も活動を続ける。結成約60年、会員約７００人を誇る亘理郷土史研究会の副会長、安田侃《あきら》さん(71)の父は、現在の国道６号が走る亘理町逢隈中

江戸時代の浦役人を務めた武者家での被災資料の救出作業
＝2011 年 6 月 18 日、宮城県亘理町荒浜（亘理町郷土資料館提供）

泉—岩沼市藤浪間の阿武隈川で、橋が架かる1932年まで渡し船を営んでいた。今泉の渡し、岩沼側で藤場の渡しと呼ばれた渡し場だ。

家の文書を基に舟運史などを会報に発表してきた安田さんは力を込める。「郷土史は地域の過去を未来につなぐ作業。震災や水害の教訓、阿武隈川との関わりを子孫に伝えたい」

東廻り航路　幕府の命を受けた江戸の豪商河村瑞賢（1618〜99年）が1671年に確立。従来は銚子（千葉県）から利根川を経由したが、三崎（神奈川県）か下田（静岡県）を経て江戸に直接乗り入れるようにした。寄港地を定め、航行の安全を確保するなどした。

直轄地

「中央に依存」現代も

福島市の福島県庁近く、日本銀行福島支店長宅だった「御倉邸《おぐら》」前を、阿武隈川が水量豊かに流れる。市民が憩い親しむ「隈畔《わいはん》」に、石造りの岸がある。

江戸時代前期の米沢藩削封で幕府直轄地となった信達地方の年貢米である「御城米《ごじょう》」は福島河

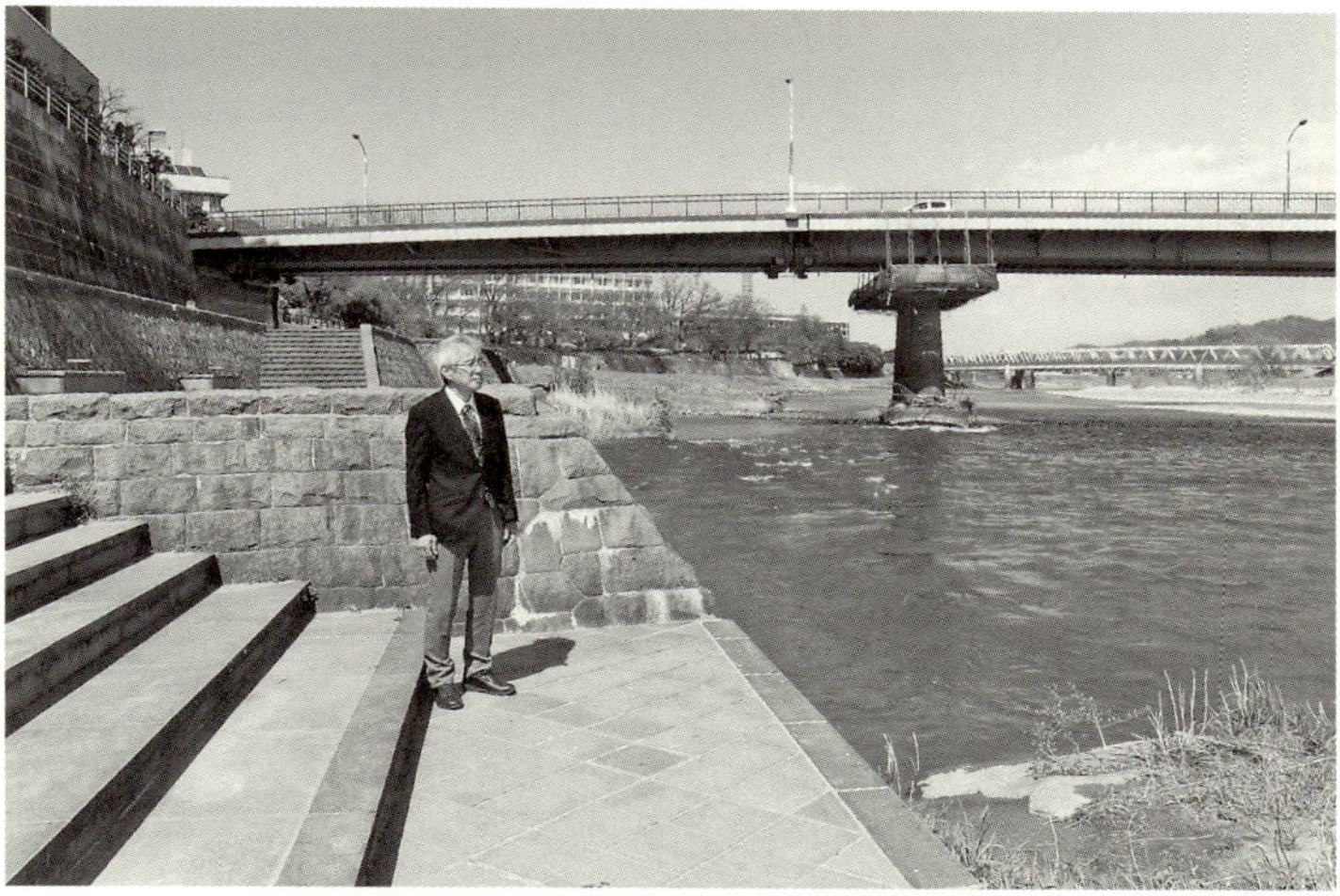

舟運の出発地だった隈畔で阿武隈川を見渡す守谷さん

岸で舟に積まれ、宮城県亘理町荒浜へ運ばれた。御倉邸対岸の弁天山は、弁天様に航行の安全を祈ったことに由来する。隈畔は阿武隈川舟運の出発点だった。

エリートが赴任

御城米輸送の実施機関が、福島や桑折（福島県桑折町）の代官所だ。桑折代官所を中心に分析した「江戸の転勤族」の著者、高橋章則東北大大学院教授(61)＝文芸社会史＝は「阿武隈川舟運で大量輸送した米や、養蚕が盛んで、佐渡や石見と並ぶ重要鉱山の半田銀山も抱えた桑折代官所は、全国トップクラスの出世コースだった」と言う。

桑折では江戸から赴任した代官の下で、地元の有力町人らが手代として実務に当たった。代官が町人に漢学を講義したり、手代が狂歌会を主催したりした。
高橋教授は「代官は地域の協力を必要とし、地元と文化を通じて交流したため、江戸の文化がいち早く入った。身分制社会の中でも比較的オープンな土地柄があった」と解説する。

一体性が希薄に

一方、良くも悪くも殿様という求心力があった藩と違い、直轄地は地域のまとまりに欠ける風土形成に影響したことも考えられる。

信達地方は直轄地や譜代の小藩が混在。一つの村内でも地区によって領主が違うケースもあった。

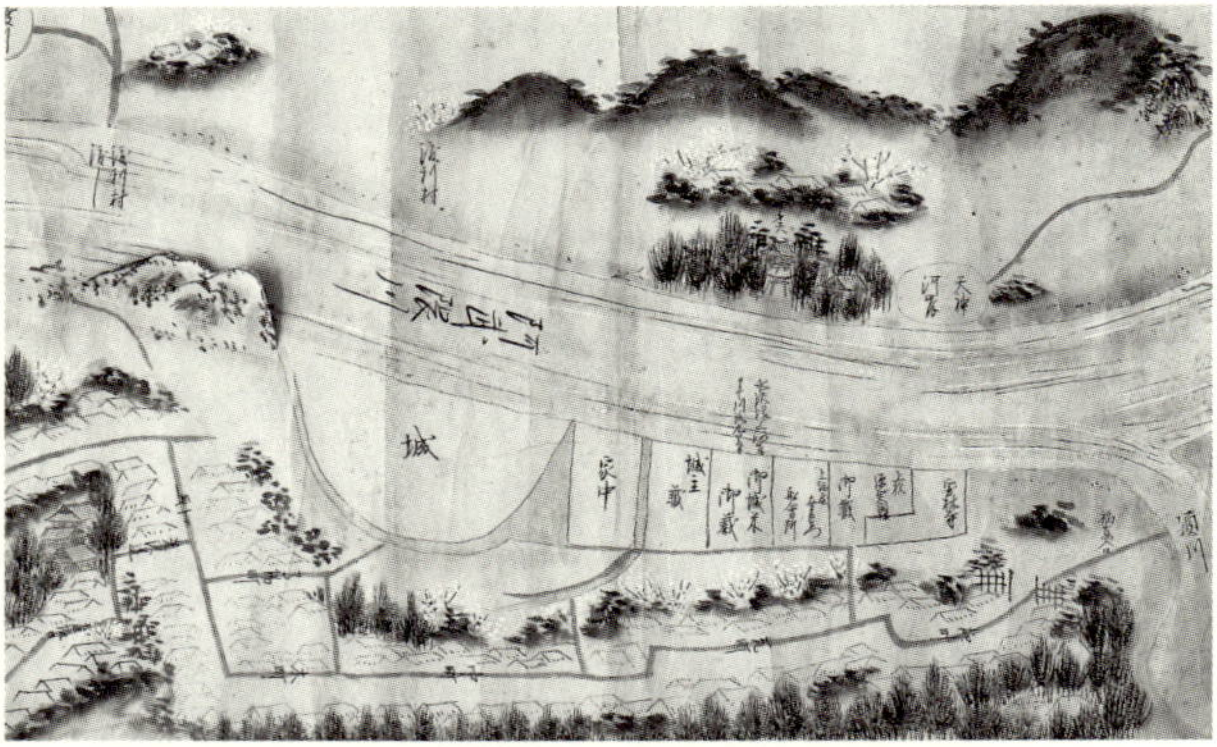

1770 年前後の阿武隈川舟運図に描かれた福島河岸（福島市教委提供）

福島市史編纂《へんさん》室嘱託職員で、福島県文化財保護審議会委員の守谷早苗さん(66)は「信達地方は幕府が最も恐れた伊達家と上杉家への備えの要衝だった。伊達家や上杉家と結託したりしないよう分割統治が図られた。関東と東北の緩衝地帯だった」と指摘する。

奥州街道沿いの商業地で人の往来も激しく、地域としての一体性や地域への執着が希薄になったと考えられるというのだ。

阿武隈川舟運で江戸に米を供給した信達地方。近代以後の福島県も、東京に食糧やエネルギーを供給し続けた。その構造は、２０１１年３月の東京電力福島第１原発事故に至るまで変わらない。

「中央に依存し、中央の動向に敏感にならざるを得ない地域性がある」。守谷さんが感じ取る福島の歴史には、江戸時代から現代まで通底するものがあるかもしれない。

信達地方の変遷　米沢藩主上杉綱勝が１６６４年に急死、家督問題で米沢藩30万石が削封され、信達（信夫、伊達両郡。現在の福島市、伊達市、福島県国見町、桑折町と川俣町の大半）12万石と屋代郷（山形県高畠町と米沢市の一部）3万石が幕府直轄地となった。直轄地と小藩がたびたび替わり、幕末は桑折（桑折町）代官所と福島藩3万石などの領地が混在した。

物流網

高畠の米も大量輸送

「高畠に倉あり、御城《ごじょう》米溜《とめ》倉という。江戸に輸《おく》るには必ず牛馬に載せて阿武隈川に至り、しかる後舟に載せて浦賀港に入るという」

幕末の思想家吉田松陰が1852年に東北を旅した「東北遊日記」に、山形県高畠町に関する記述がある。幕府直轄地の年貢米である御城米を保管した蔵は高畠に11棟あったとされ、1棟が残る。

馬で峠を越えて

高畠と米沢市の一部からなる屋代郷3万石は1664年の米沢藩削封で、信達地方とともに直轄地となった。奥羽山脈の西側ながら、御城米輸送に利用されたのが阿武隈川舟運だ。

ルートは、馬で二井宿峠を越えて羽州街道を通行。宮城県七ケ宿町を経由し、福島県国見町や桑折町の阿武隈川河岸で舟に積んだ。米沢から

御城米蔵の名残の蔵の前で、舟運に関する歴史を語る
島津さん（右）＝山形県高畠町安久津

板谷峠を越えて福島で舟積みする御城米も一部あったが、長い峠道が続き、標高差も大きく、駄賃がかさんだという。

高畠町文化財保護委員長の島津憲一さん(70)は「馬１頭で２俵しか運べないのに対し、舟運は数十俵、１００俵と大量に安価で輸送できた。技術革命だった」と説明する。

二井宿峠の古道を歩く会を20年間開いている島津さん。町の文化財保護関係者の研修で、桑折の阿武隈川河岸や、御城米の到達地である東京都浅草などを案内したこともある。

「高畠は最上川舟運の出発地でもあり、酒田から西廻《まわ》り航路で京坂（阪）に通じた。当時の日本はダイナミックにつながっていた」と、島津さんは思いをはせる。

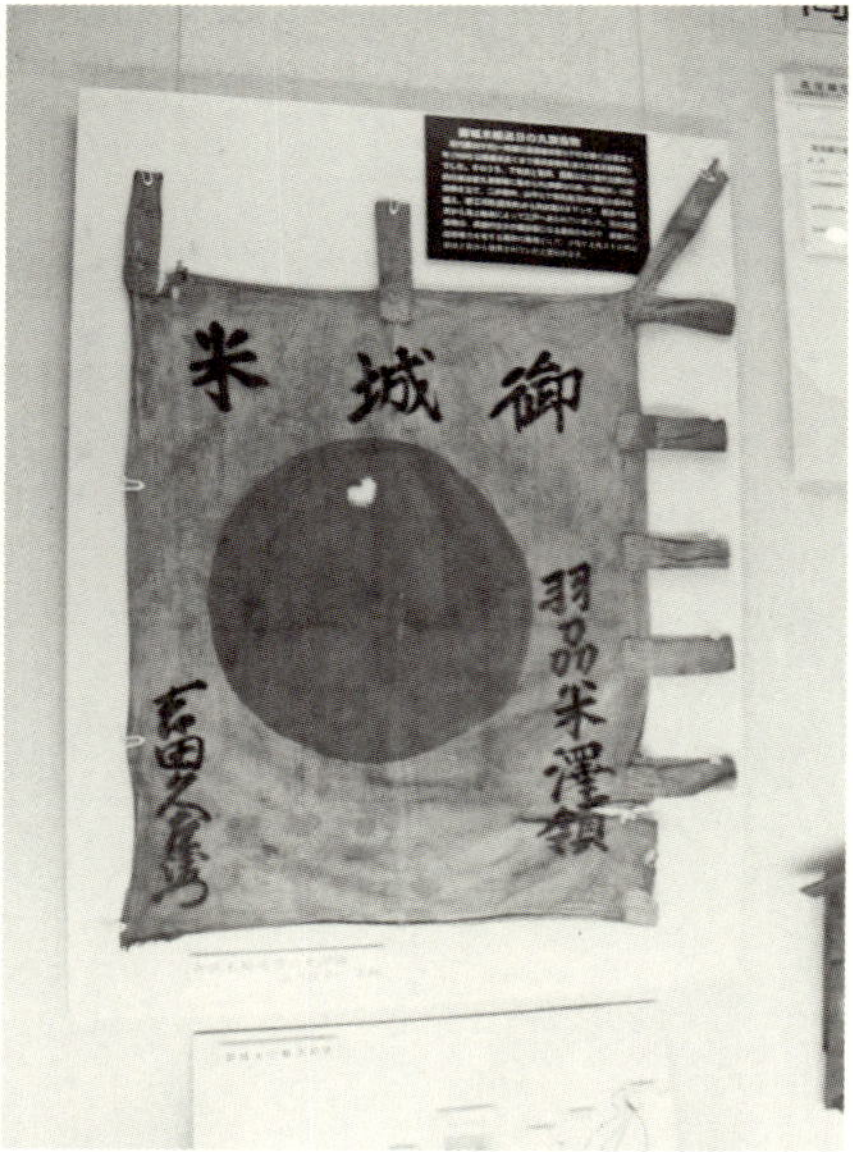

御城米輸送の際に幕府の物品であることを示した江戸時代の旗指し物＝山形県高畠町郷土資料館

８０００点解読本格化

「官」の荷物の御城米ばかりでなく、舟運は生活用品も運んだ。

岩沼市玉崎で御城米輸送舟など川舟の統制役を務めた渡辺家は、多様な物資を扱う問屋だった。塩釜市で水揚げされた水産物「五十集《いさば》」を内陸部に運んだり、岩沼周辺で生産された藍玉を江戸に送ったりした。

渡辺家の蔵が東日本大震災で損傷したため、古文書約８０００点が岩沼市史編纂《へんさん》室に預けられ、解読が本格化している。岩沼市文化財保護委員長の千葉宗久さん(68)は「解明が進むのが楽しみ。物資の往来は想像以上に盛んだったのではないか」と期待する。

千葉さんによると、岩沼では戦後まで五間堀川や丸沼堀などの水路が活用された。「鉄道と道路が整うまで物流の中心は舟だった。舟運の時代、流域のつながりはずっと密だっただろう」と千葉さん。現代と違った、阿武隈川が大動脈だった生活圏が浮かぶようだ。

江戸時代の物流網　東廻りと西廻り航路、東海道や奥州街道など五街道を軸に全国が物流網で結ばれていた。江戸の人口は当時世界最大規模の１００万で、幕府直轄地４００万石（うち関東１００万石）など各地の物資が運ばれた。仙台藩からは年に20～30万石の米が江戸に送られ、江戸の米相場を左右した。

舟下り

丸森の宝　観光資源に

阿武隈川の岸辺に菜の花が映える。新緑がみずみずしい。山並みが迫る雄大な景色が乗船客を魅了する。

阿武隈川水系唯一の舟下り、宮城県丸森町の「阿武隈ライン舟下り」は5月の大型連休中、大勢の客でにぎわう。丸森の観光名物は、幕府直轄地だった信達地方の「御城《ごじょう》米」を運んだ阿武隈川舟運に基づく。

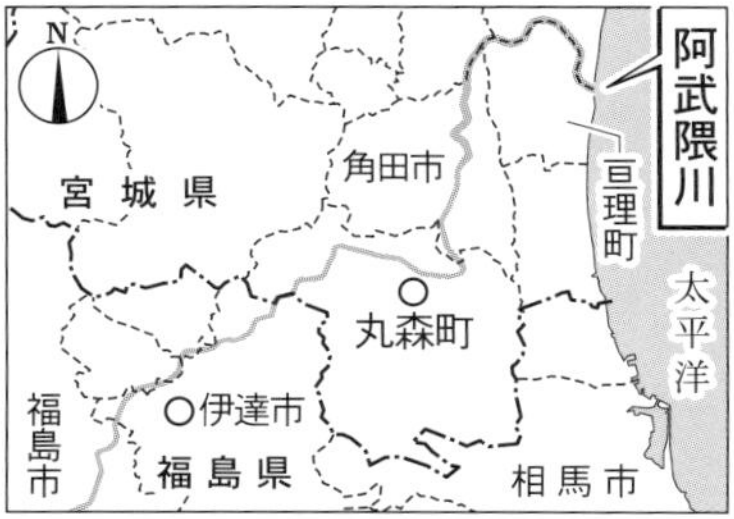

岸辺の眺めが美しい阿武隈ライン舟下り。
舟運の歴史を生かした観光名物として親しまれている

一時は鵜飼いも

「舟運があったからこそ丸森の発展があった。運航開始当時の佐藤寅之助町長が『これからは観光の時代。他地域にない歴史を生かし、日本有数の観光地を目指そう』と舟下りを発案した」。元町観光課長の湊剛《かたし》さん(89)＝丸森町在住＝が舟下り創設の経緯を教えてくれた。

舟下りは当初、舟運で使われた約１００俵積みの「艜《ひらた》舟」を使用した。舟にエンジンはなく、乗船場まで人力で舟を運んでから川を下った。

一時は鵜《う》飼いもした。湊さんは岐阜県長良川の鵜飼いを視察。湊さんの家はもともと町営サケふ化場だったところで、いけすがあり、ウを飼ってトレーニングし、湊さん自身が鵜匠を務めたこともあった。

阿武隈川ではサケ漁が行われ、子どもたちは船着き場で水泳を楽しんだという。湊さんは「川の恵みは生活に欠かせなかった。阿武隈川は宝の川だった」と懐かしむ。

運航開始当時の阿武隈ライン舟下り
（宮城県丸森町教委提供）

原発事故で激減

にぎわった舟下りも、１９８９年度の約2万６９００人をピークに減少。そして、２０１１年3月の東日本大震災と東京電力福島第1原発事故の打撃で、11年度は約１９００人と、原発事故前の約９８００人から激減した。７年たって回復基調にあるが、17年度も約５６００人と、まだ原発事故前の６割弱だ。

１万人回復を目指す町観光物産振興公社の佐藤勝栄理事長(74)は「『静』の斎理屋敷と『動』の舟下りが、丸森の最大の観光資源。最近は若者客が増えつつあり、食との協働などに取り組み、新しい客層をつかみたい」と意気込む。

同町耕野地区の阿武隈川沿いに住む、舟下りの前船頭長の谷津昭さん(78)はガイドで必ず、江戸時代の舟運について紹介した。

福島県からの客も多く、上流を知りたいと思った谷津さんは現役時代、源流の福島県西郷村まで行ったことがある。谷津さんは「上流はきれいな渓谷だった。自分が住む丸森まで流れているんだと思って感動した」と振り返る。

母なる川、阿武隈川。谷津さんもそんな思いを抱く一人だ。

阿武隈ライン舟下り　1965年に運航開始。5隻の舟があり、観光交流センター乗船場から往復8キロ、約1時間の周遊コースを運航する。阿武隈急行あぶくま駅から下るあぶくま駅コースは震災後、休止している。

コラム

水運の安全　交通の要衝に守り神

日本三稲荷の一つである岩沼市の竹駒神社は、平安時代の842年、小倉百人一首に名を連ねる参議小野篁《たかむら》が陸奥守に任命された折、東北開拓の神として、京都の伏見稲荷の分霊を祭ったのが創建の由来とされる。

篁が長櫃《ながびつ》に分霊を納めて運び、小さな橋に差し掛かったとき、狐《きつね》がコンコン…と8回鳴いた。長櫃を開けると、白狐が飛び出し、武隈の森に駆け込んだ。篁は神意を感じ、そこに社を建てたという。一帯は阿武隈川の氾濫原だった。狐が鳴いた橋は、阿武隈川の支流か、阿武隈川の流れの一つに架かる橋だったに違いない。阿武隈川の武隈《たけくま》も、神社の名の由来と伝えられる。

名取郡には多賀城以前の陸奥国府が置かれ、東北経営の最前線だった。とりわけ、岩沼は奥州街道に相当する東山道と、太平洋沿岸の浜街道の結節点であり、交通の要衝として重きをなした。竹駒神社の参詣者は古来、五穀豊穣《ほうじょう》や交通の安全を祈った。

岩沼と阿武隈川を挟んで対岸の宮城県亘理町逢隈田沢地区。歌枕になった「稲葉の渡し」と推定される場所に、「田沢磨崖仏」がある。四つある岩窟に3体のお地蔵様が刻まれ、そのうち一つには、梵《ぼん》字が書かれた中世の供養塔である「板碑」がある。周辺には古墳時代末期の横穴墓群があり、その穴を利用して彫られたと考えられている。「岩地蔵」の通称で親しまれ、「左甚五郎

阿武隈川の岸壁に彫られた田沢磨崖仏＝宮城県亘理町逢隈田沢

が渡し舟を待っているときに彫った」との言い伝えもある。いずれにせよ、水上交通の安全を祈願したのが始まりとみられる。

その岩地蔵の場所から、第2部「耕土」の物語を始めよう。

第2部　耕土

用水路（上）

農地潤す　古来の知恵

洪水とともに肥沃《ひよく》な土壌をもたらす大河は、農耕の発展を促した。阿武隈川流域も古来、農業が盛んだ。恵みの川を利用しながら生きる糧を得てきた農の現場を訪れた。

16世紀から取水

「粘土質の田んぼは水持ちが良く、おいしいコメができる。砂地は畑や牧草地に向き、使い分けている」。阿武隈川沿いの宮城県亘理町逢隈小山の専業農家日下正博さん(59)が笑顔を見せた。

阿武隈川に近い部分は砂地だ。その外側に、ヨシなどの草が堆積した層と泥土が幾重にも積み重なった「スクモ」という土壌が広がる。日

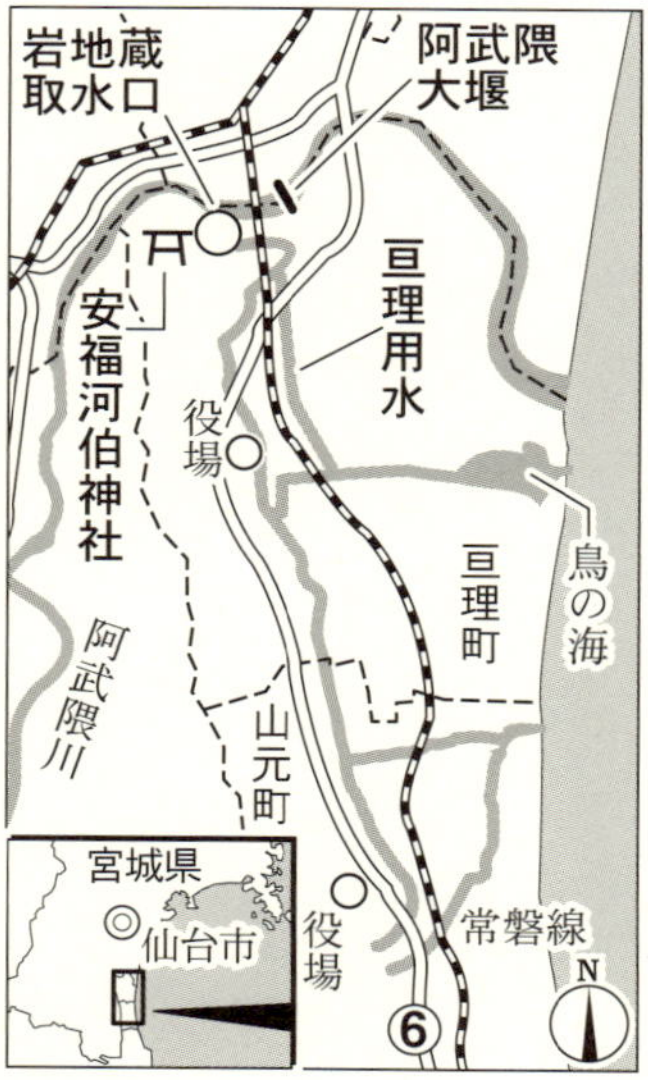

阿武隈川（右奥）からの亘理用水（手前）で農業が
営まれる亘理平野＝宮城県亘理町逢隈田沢

下さんはスクモの水田約３㌶で、主食用米と飼料用のホールクロップを耕作。砂地の２㌶弱で牧草やブルーベリーを栽培し、乳牛22頭を飼育する。

日下さんは「かんがい排水と圃場整備が完成する前は、ぬかるんで大変だった。重機が埋まったこともあった」と振り返り、「信濃川下流の新潟もそうだが、米どころは湿地帯だった」と話す。

亘理平野を潤す亘理用水は同町逢隈田沢の「岩地蔵取水口」から阿武隈川の水を引く。取水口は一説に16世紀にさかのぼり、田沢磨崖仏とも呼ばれる岩地蔵の下に穴をうがったのが起源と言い伝えられる。堤防の一角を開けて水路を引くと堤防が決壊しやすくなるため、岩場が掘られたとみられる。

取水口の下流に１９８２年、川の水量を保つための阿武隈大堰《おおぜき》が完成した。その前は渇水になると、住民が取水口近くに土のうを積んで水をためたという。

亘理用水を管理する亘理土地改良区理事の日下さんは「阿武隈川から亘理平野の端まで農業用水を流すのは大変な苦労だったと思う」と、いにしえの知恵と営みに驚嘆する。

治水用水守る神

取水口近くの三ツ上山に立つ安福河伯《あふくかはく》神社は、平安時代の「延喜式神明帳」に記載された式内社だ。１１１年の創建と言い伝えられ、阿武隈川の治水用水の守り神として信仰を集めた。

平安時代の史書「日本三代実録」の貞観５（８６３）年のくだりに、「勲十等阿福麻水神に従五位下を授ける」とある。これが文献上、最も早く見いだせる阿武隈川とされる。逢隈川とも呼ばれた。

逢隈田沢地区の全53世帯が神社の氏子だ。三ツ上山の麓で兼業農家を営む前区長の庄司和夫さん(74)は「神社は地域のよりどころ。阿武隈川は洪水になると大変だが、この地の農家にとって一番大事な存在だ」と話す。三ツ上山はかつて水上山だったという。

亘理の地名に詳しい元町郷土資料館長の鈴木光範さん(75)は「隈は川が蛇行するさまを表し、亘理も川を渡る場所のこと。阿武隈川は亘理にとって母なる川だ」と説明する。

阿武隈川の悠久の流れが亘理の人々を今日も潤す。

亘理用水　岩地蔵取水口からポンプで水をくみ上げて幹線用水路2線に水を流す。受益面積は約4080ヘクタールで、亘理町の約9割、山元町の約5割の農地に及ぶ。受益農家は約4700戸。排水路などを含め1985年に完成。

用水路（下）

米どころの生命線に

宮城県南を代表する米どころ、角田市から望む蔵王連峰はすがすがしい。藩制時代の角田館主石川家の居城、臥牛《がぎゅう》城に近い大沼地区で2018年5月、田植えが行われた。田んぼに張られたのは、隣の宮城県丸森町の坪石揚水機場で阿武隈川の水をくみ上げる角田上水の水だ。

「角田上水がなければ農業ができない。角田の農家にとって生命線だ」。4代目の農家熊谷繁寿さん(58)が感謝を口にした。大沼周辺の水田約13ヘクタールを耕作し、3戸による組合で麦と飼料米計約26ヘクタールを転作する。

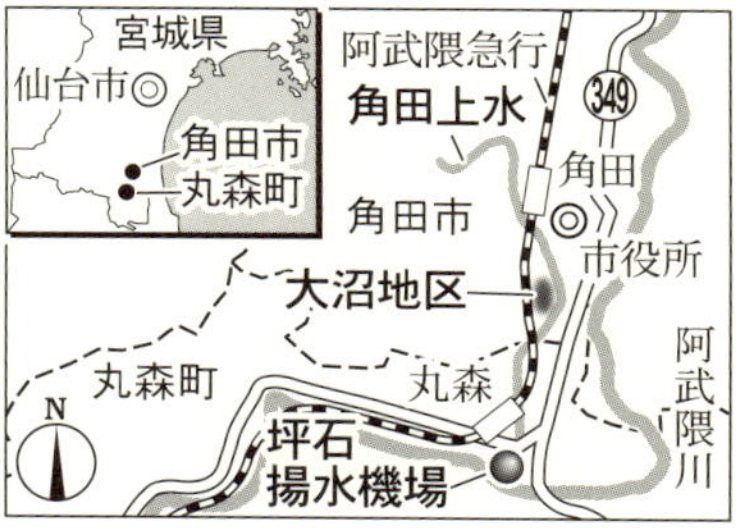

大沼地区で田植えする熊谷さん。
阿武隈川からの角田上水が稲作に欠かせない

沼が美田に一変

大沼はもともと、石川家が築いた農業用水のため池だったが、浅いために水不足は十分に解消されなかったという。角田は平野部が多く、阿武隈川から水を引くのが難しかった。角田の農業用水が安定したのは、１９０７（明治40）年に上水が完成してからだ。上水完成に伴い、大沼や赤沼など約１５０ヘクタールが干拓され、美田に生まれ変わった。

ただ、角田の耕地は３反（30アール）区画が多いが、大沼は１反のまま。熊谷さんは「狭くて機械を入れるのは一苦労。米価が安くなって採算が合わず、時代の流れで農業をやめる農家は増えた」と表情を曇らせた。

上水の取水口から北へ約10キロ、角田市稲置の農業生産法人「角田健土農場」の小野健蔵社長(65)は「農業の命は水と土づくり。文明は何千年も前から川を利用してきた。自然を大切にしないといけない」と話す。

農業用水のため池だった干拓前の大沼
（角田市郷土資料館提供）

健土農場の作付面積は約１３０㌶で、宮城県内トップクラス。主食用米と加工米がほぼ半々で、ほとんどが上水を利用する。

農業競争力の強化のため、国が農地集積をてこ入れするとともに、東日本大震災の被災農地が集約され、県内は近年、集積が進む。ただ、健土農場は20年以上前から大規模化を進め、モデルと目されてきた。販売も農協を通さず全て自力で開拓し、直接取引量は東北でも最大規模とされる。

地域の基盤限界

約半世紀続いた国による生産調整（減反）が廃止され、転機を迎えた米作り。小野社長は「需要が増えている業務用米を少しずつ増やしたい。米価が下がるのが心配で、作業効率を高めて生産コストを下げ、集積のメリットを最大限に発揮する」と将来を見据える。

高齢化で農業を続けられなくなった農家の水田を引き受けることも増えた。小野社長は「後継者不足は国の政策が貧弱だったからだ。地域の農業基盤は限界に来ている」と嘆く。

阿武隈川に支えられた米どころが抱える課題と悩みは、日本の農業の縮図だ。

角田上水　角田市の阿武隈川西岸の約770ヘクタールに農業用水を供給。受益農家約1270戸。当時の角田町議や宮城県議を務めた高山善右衛門（1863〜1928年）が中心となって上水期成同盟会を結成し、1906年に着工、07年に完成した。

「ルーツ」銘柄米の祖先育てる

コシヒカリにササニシキ、ひとめぼれ、あきたこまち。主要銘柄米の先祖をたどると、「愛国」という品種に行き着く。

「愛国がなければ、日本のコメがどうなったか想像できない」。元宮城県古川農業試験場長の佐々木武彦さん（82）＝仙台市泉区＝は言い切る。25年かけて愛国の発祥地が同県丸森町舘矢間であると確定し、２００９年に論文で発表した。

平均収量の2倍

愛国は多収量で1反（10アール）当たり7俵、平均収量の2倍あったという。伊具郡（角田市と宮城県丸森町）から宮城県内に、またたく間に広がった。ただ、１９００年代初頭の凶作で「愛国は冷害に弱い」と見られ、県北地域では作付けが止まった。

愛国が決して冷害に弱くなかったと分かったのは１９８０年の冷

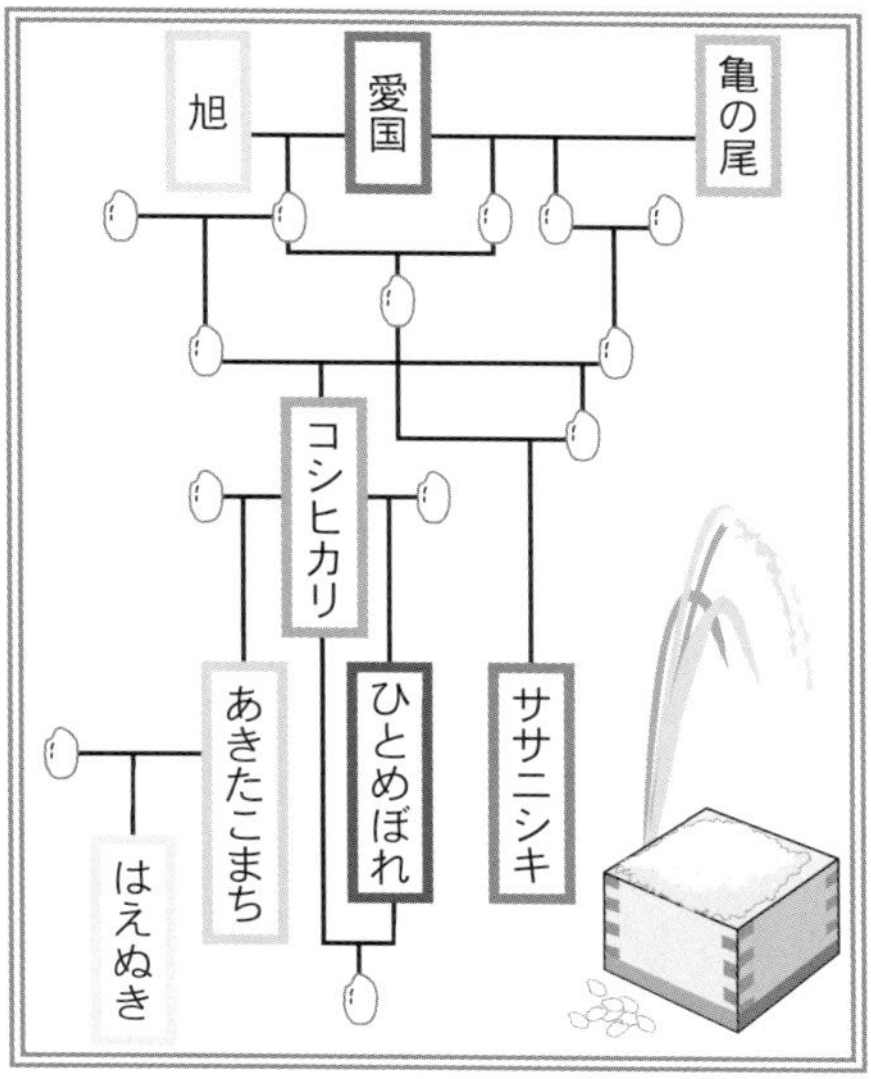

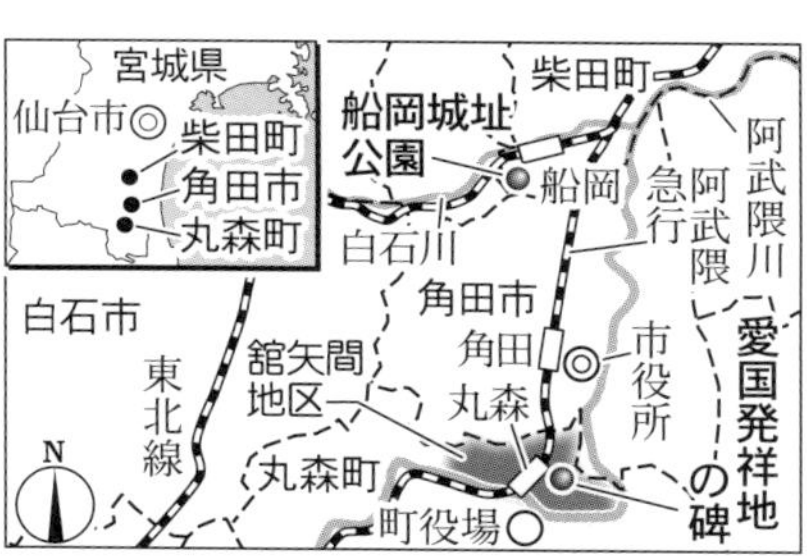

発祥の地の宮城県丸森町舘矢間地区で作付けされている愛国

害時だ。佐々木さんたちの調査で、コシヒカリは耐冷性が強く、遺伝子は愛国に由来することが判明した。当時は田植えが遅く、穂が出て成熟する時期に低温が重なったと考えられる。

宮城県で作付けされなくなった愛国は、南の福島県や関東などに普及した。福島市史によると、39年の信夫郡（福島市の大半）の愛国の作付けは53％に上った。「福島県中通りと仙南は地域的な共通性が高く、作付けに適していた」という佐々木さんは「仙南（仙台市の南にある角田、白石、丸森など9市町）は良質米を世に送り出した故郷。誇るべき財産を生かしてほしい」とエールを送る。

丸森で栽培再開

佐々木さんの論文を受け、丸森の有志が２０１

0年、愛国発祥地の記念碑を建てた。試験場から苗を譲り受けて栽培も再開した。町観光物産振興公社は11年、愛国を使った日本酒「賜候《たまわりそうろう》」を会津若松市の酒蔵に依頼して開発した。

酒米用に愛国を栽培する、舘矢間の農家で町議会議長の菊池修一さん(61)は「日本の農業にとって重要な品種で、舘矢間が背負ったコメの歴史を語り継ぎたい」と気持ちを込める。

愛国の普及に尽力した1人が、伊具郡に隣接する宮城県柴田町の大地主飯淵七三郎（1846～1926年）だ。技師を招いて地域の農業技術向上を図り、阿武隈川支流の白石川からの船岡用水建設に私財を投じた。サクラの名所である船岡城址公園にソメイヨシノを植えた先人でもある。

七三郎のひ孫の歯科医師飯淵雅高さん(72)＝柴田町＝は「社会のために貢献し、地域の礎をつくったことは子孫として誇らしい」と語る。自らも地元の小学校などに寄付を続ける。

コメ、サクラ、人情。日本の原風景が阿武隈川流域にある。

愛国　宮城県丸森町舘矢間の蚕種業者本多三学のもとに1889年、静岡県の同業者から無名の種もみが届いたのが始まりとされる。伊具郡役所の役人と稲作指導担当者が命名した。最盛期は全国約33万ヘクタール《ヘク タル》に広がり、1945年ごろまで盛んに作付けされた。

産直

生協と共に食の安全

「消費者は1回目は頭で買っても、2回目は舌。うまくて安全でないと買わない。阿武隈川東岸の『隈東《わいとう》』は肥沃《ひよく》で、野菜や根のものの質がいいんだ」

阿武隈川東岸の旧氾濫原地帯である角田市島田の農業戸村真喜夫さん(61)が、ハウス内に流れるブルースを聴きながら、トマトの収穫に精を出していた。トマトやブロッコリーなど野菜のほとんどを、みやぎ生協(仙台市)の産地直送ブランド「めぐみ野」に出荷する。

先んじた減農薬

めぐみ野の発祥は1970年、角田にさかのぼる。生協は食の安全を重視し、産直を模索していた。旧角田市農協(みやぎ仙南農協に合併)は米と養豚など複合経営を確立させるため、販路確保が急務だった。消費者と生産者双方のニーズが合致したのだ。作家の有吉佐和子さんの「複合汚染」に象徴されるように、農薬や化学物質が社会問題化した時代だった。

生協との関わりを深めた角田の農家は、減農薬などに先駆的に取り組んだ。同農協は72年、日

トマトを収穫する戸村さん。産直開始から
農家と生協の関係づくりに関わってきた

本生協連合に全国の農協で初めて加入し、話題を呼んだ。

戸村さんは営農指導担当の農協職員で、産直出荷者の取りまとめに当たった。「消費者との交流で、農薬や食の安全への意識が高まった。今は全国どこでも産直をしているが、市場が見栄えと量を重視した当時は異端だった」と振り返る。

10月に共同店舗

めぐみ野の出荷者は現在、角田市が約６９０人、隣の宮城県丸森町が約１２０人。角田、丸森地区で県全体の８割を占める。

みやぎ生協の宮本弘理事長(59)は「生産者とウィンウィンの関係で成長してきた。全国でも、ここまで産地とのつながりが深いところはない」と自負する。

生協と全農県本部は10月、共同運営店舗「A&COOP角田店」を開業させた。両者の共同店舗は、全国初の松島店（同県松島町）に次ぐ2例目だ。宮本理事長は開店前の取材に、「競合店が多く、厳しい商圏だが、思い入れの強い地域。何としても成功させる」と話した。

阿武隈川流域を舞台に、生産者と消費者の信頼関係で根付いた産直。隈東の若手イチゴ農家小野貴嗣さん(39)は「めぐみ野は買い取りで、市場出荷と違ってロスがない。食の安心を守りながら、生産力を上げていく」と言って笑顔を見せた。「角田のイチゴは甘いと評価されている。産直も阿武隈川も生まれる前からあってふだんは意識しないが、良い土地に生まれ、先輩が産地を形成してくれて、ありがたいと思う」

旧氾濫原地帯にあるハウスで
イチゴの手入れをする小野さん

めぐみ野　農薬使用量を宮城県の慣行栽培の2分の1以下に抑え、使える農薬の種類を限定するなど、独自基準に沿って生産する農畜水産品ブランド。2017年度の販売額は約63億円で、みやぎ生協の事業全体の約6％に上る。

疎水

開拓者支えた水がめ

「生きているうちは、どんなことがあっても農業を続ける」。福島県矢吹町東郷の農業浅井俊昭さん(79)は、約２ヘクタールの水田で米作りにいそしむ。約70年前の父の代から開墾し、手塩にかけた田んぼを荒らすわけにいかない。

日本三大開拓地

阿武隈川西岸の矢吹町は戦後、国による開拓が進められ、周辺市町村を含めて計約１５００ヘクタールが開墾された。十和田市、宮崎県川南町とともに日本三大開拓地とされる。

浅井さんの父は東京でネクタイ製造業を営んでいたが、東京大空襲で焼け出された。母の実家の福島県天栄村羽鳥に疎開したが、羽鳥疎水の要である羽鳥ダムの建設が予定されており、移転補償地として与えられた矢吹が原の開拓に入った。

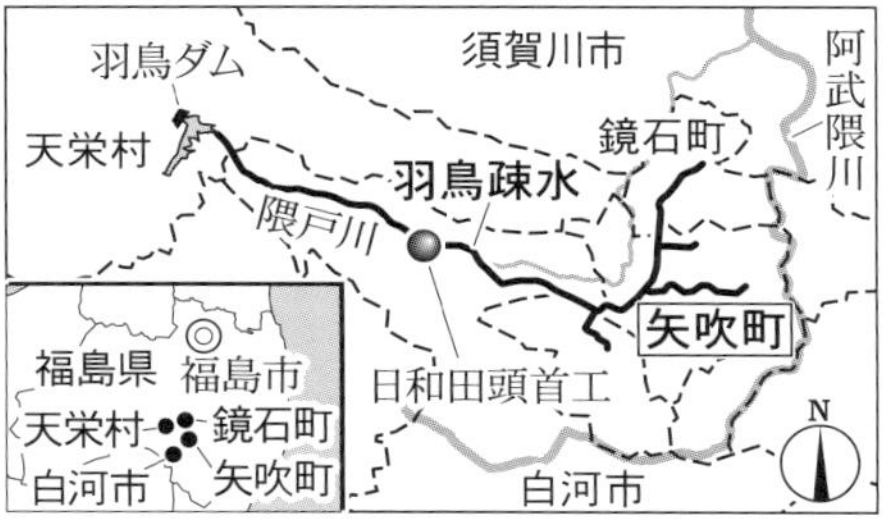

イネの生育具合を確認する浅井さん。
70年前に父と開墾した水田を守り続ける

7人兄弟姉妹の長男の浅井さんは中学卒業後、農業経験のない父を手伝った。田んぼをならすのに、むしろを畳んだ「かます」に土を盛って運んだ。樹木を伐採し、くわで大地を切り開いた。毎朝、農耕馬の餌の草を刈って背負った。

田植えと稲刈り後は2～3カ月、出稼ぎに行き、妹3人の学費を稼いだ。浅井さんは「我慢強く、あきらめないのが開拓精神だ」と淡々と話す。羽鳥から一緒に48戸が入植したが、開拓がうまく行かずに、半数が入れ替わったという。

構想80年で完成

開拓の最大の課題が水だった。矢吹が原の大半は台地で、低地を流れる阿武隈川の水を利用できなかった。昔から水争いが絶えず、飢えに苦しんだ。

明治時代の庄屋の次男の星吉右衛門が１８８５（明治18）年、日本海側に注ぐ鶴沼川を羽鳥でせき止めて水を引く「西水東流構想」の建白書を県に提出したが、「狂気の沙汰」と受け止められた。構想は昭和初期に着手されるが、戦争で中断。約80年の時を経て、羽鳥疎水はようやく日の目を見た。

「母の故郷でもある羽鳥は、命の水がめ」と目を細める浅井さん。春に疎水の水が流れ出すと、夜も代かきをする。水持ちをよくするためだ。「とにかく羽鳥の水は貴重で、大切にしないといけない」

山脈を越えた矢吹が原に水を送る羽鳥ダム

２０１１年3月の東日本大震災で疎水のパイプラインが破損し、流域は1年、耕作ができなかった。東京電力福島第1原発事故による福島県産の農作物への風評被害は、今も根強い。

疎水を管理する矢吹原土地改良区の鈴木哲男専務（69）は「震災直後、『羽鳥の水は大丈夫か』というのが町の最大の関心事だった。矢吹の生産者は開拓精神を受け継いでいる。風評被害との闘いを乗り切っていく」と力を込めた。

羽鳥疎水　阿賀川水系の鶴沼川をせき止めた羽鳥ダム（福島県天栄村）から、トンネルで白河市の隈戸川に水を流し、日和田頭首工から取水する。受益面積は矢吹町や鏡石町など約３２００ヘクタール。１９４１年に着手され、羽鳥ダム完成（55年）などを経て64年まで整備が進められた。

コラム

筒粥神事　作況占う正月の秘儀

阿武隈川沿いの角田市佐倉にある諏訪神社に、正月15日に行われる「筒粥《つつがゆ》」という神事が伝わる。わせ、なかて、おくてのコメ、麦、豆など計９種の穀物の今年の出来と、日照、雨、風の天候を占う。ヨシの筒を12本用意して麻のひもで編み、炊いた粥の中に入れる。筒に粥の粒が入った具合で、それぞれの穀物の出来を占う。氏子も列席できない秘儀だ。占い結果の目録は神社のお札とともに、仙南地域をはじめ県内に頒布された。「目録がないと、種がまけない」という農家もいるという。

角田市史や神社縁起によると、諏訪神社はヤマトタケル東征の際に創建された。中世に諏訪大社の分霊が勧請《かんじょう》されて以来、筒粥が続くという。諏訪大社はじめ諏訪神社系の特有の神事とされる。女性宮司の小野信《のぶ》さん(82)は「諏訪大社はキュウリなどあらゆる作物を占っています。ここでは、生活に最も必要なものに絞り込んだのでしょう」と話す。

諏訪神社は鎌倉時代の執権、北条義時（１１６３～１２２４年）が信濃国の守護となり、北条氏の所領が全国に広がったのに伴い各地に勧請されたとされる。

佐倉の諏訪神社の脇を走る国道３４９号バイパスは、かつての阿武隈川の旧堤防だった。神社は氾濫原の微高地にある。市内には他に平貫、坂津田などに諏訪神社が立つが、ほとんどが阿武

1年の出来を占った目録と、占いに使うヨシの筒

隈川の氾濫原に接する丘陵地に立地する。これらの場所は中世、農地開発の対象とされたところで、地頭クラスの武士が居館を置き、その近辺に神社を勧請したケースが多い。

東北の郡地頭には他国の守護と同様の職権が認められ、寺社を保護、振興する業務もあった。地頭にとって、灌漑《かんがい》技術の導入、新品種生産など先進的な農業生産による領地経営は重要なテーマだった。勧農事業と豊作祈願の農耕神事は極めて密接に結び付いていた。筒粥を通して、そんな中世の風景が想像できる。

第3部　治水

地理特性

相次ぐ水害との闘い

洪水を繰り返してきた暴れ川、阿武隈川流域の人々の暮らしは水害との闘いの連続だった。連綿と続く治水の営みをたどるとともに、西日本豪雨など多発する災害への備えについて考える。

冠水の常襲地帯

「一帯が水浸しだった。父親たちがトロッコにシャベルで土を入れ、もっこを担ぎ、切れた堤防の修復に当たった」。阿武隈川沿いの岩沼市南長谷原地区の造園業鈴木嘉四郎さん(85)が、1941年7月の洪水の記憶をたどってくれた。

原地区は冠水の常襲地帯だった。流域で戦後最大の水害となった86年の「8・5豪雨」では一時孤立した。8・5豪雨後、町内会長に就いた鈴木さんは自衛消防隊を創設した。当初はリヤカーにポンプを積んで排水作業をした。

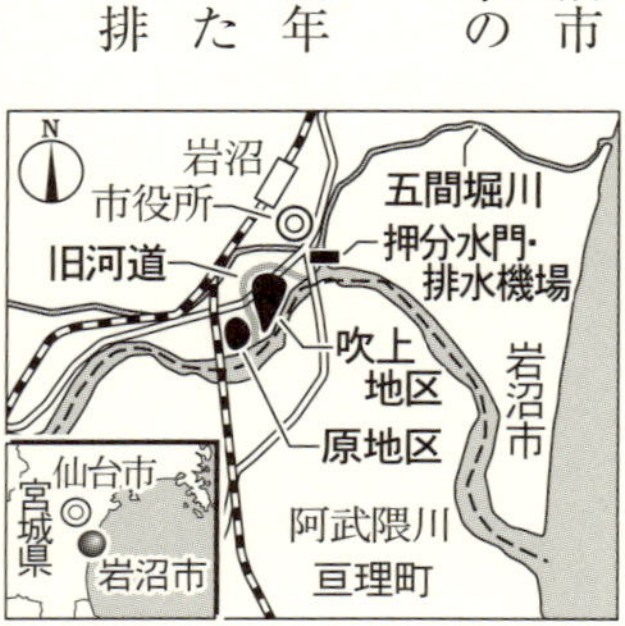

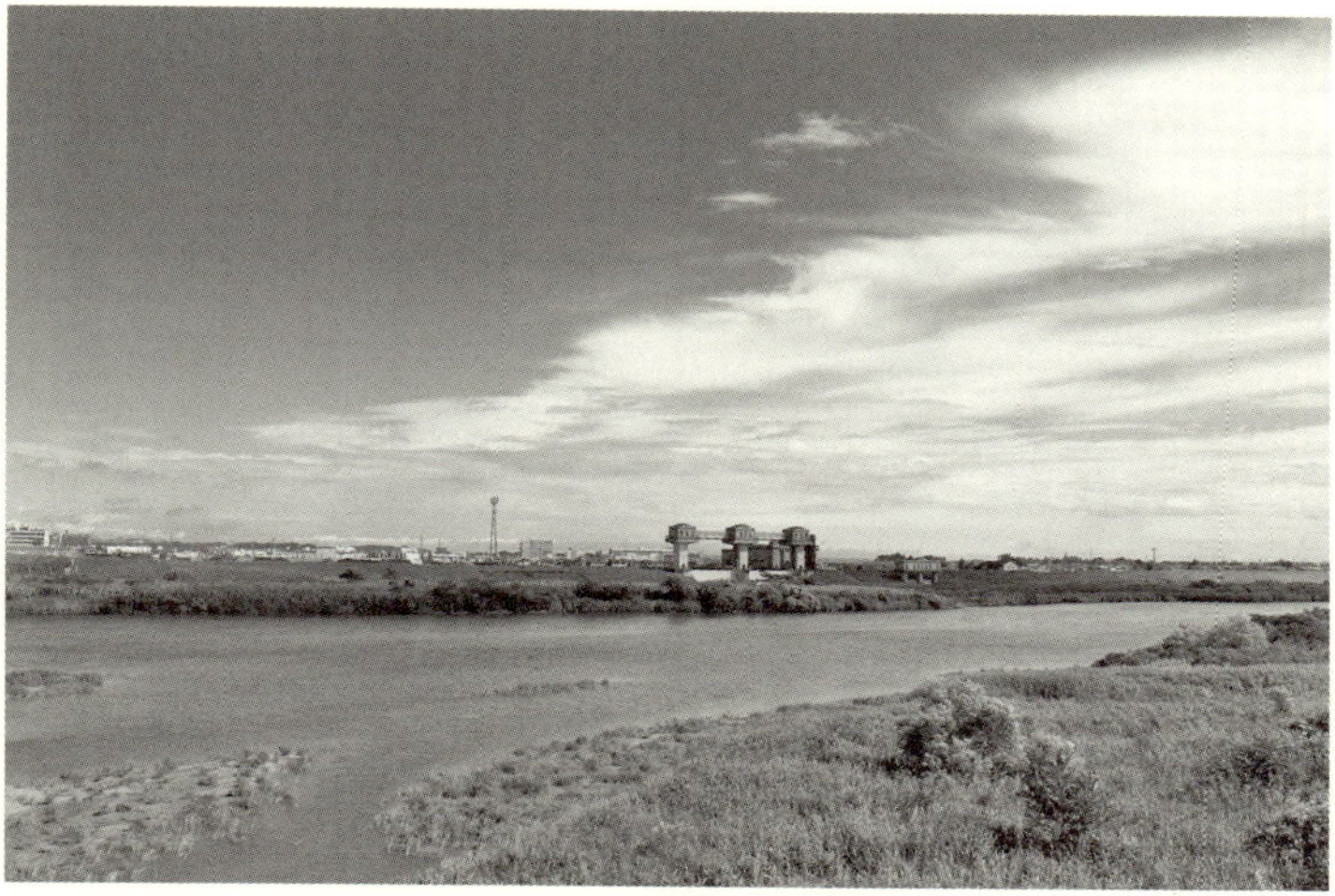

五間堀川の水を阿武隈川に排水する岩沼市押分の水門と排水機場

阿武隈川が蛇行し、低地が広がる岩沼。松本秀明東北学院大教授（64）＝地形学＝によると、市内に旧河道や、本流からあふれ出た「溢《いっ》流」の痕跡が確認できる。溢流には１６００～１５００年前と推定され、約２キロに及ぶものもある。

狭窄部が交互に

河道の変遷を物語るのが、岩沼市吹上地区だ。阿武隈川を名取郡と亘理郡の境界にした古来、宮城県亘理町逢隈地区に属した。江戸時代後期の阿武隈川絵図では、吹上は今の川筋と、市街地寄りの川の中州だった。外周の川が砂の堆積などで埋まり、戦後に岩沼に編入された。

岩沼の治水は99年度、国による五間堀川の改修が完成し、落着した。94年の「9・22豪雨」を受けた改修は、五間堀川から阿武隈川まで約６５０メートル

86年の8・5豪雨で浸水した岩沼市内。
手前が阿武隈川（東北地方整備局提供）

の分水路を整備。接続地点の押分に阿武隈川に排水するための水門と排水機場を設け、市街地の内水被害を防いでいる。鈴木さんも「今は水を心配しないですむ」と笑顔を見せた。

大きく蛇行する下流域に対し、中流域は、盆地と川幅が狭まる狭窄《きょうさく》部が交互に存在する。狭窄部の手前は水がたまり、氾濫が広がりやすい。

狭窄部は花こう岩帯が多い。地下でマグマが冷えて鉱物が結晶化した花こう岩は、雨で浸食されると、結晶が土砂に交じって川に流れ込む。花こう岩帯での豪雨災害の典型が２０１４年の広島市の土石流だ。松本教授は「土砂を巻き込んだ重たい水は、生活空間に侵入すると破壊力が大きい」と指摘する。

仙台管区気象台によると、年間降水量に有意な変化はないが、１日50ミリ以上の大雨が降った年間日数は、仙台で１００年で２・４日、白河で50年で１・２日の割合で増えている。

鹿野義明防災気象官（56）は「極端な雨が降る現象は増加傾向にある。阿武隈川など大河川は、山地から地下に浸透するなどして、水が集まるのにタイムラグがある。雨がやんでも水位が上昇することがあり、自治体の避難情報に従ってほしい」と呼び掛ける。

阿武隈川流域の主な洪水　国の水害統計によると、流域13市18町8村では、１９４１年７月の洪水で死傷者69人、全半壊２０８戸、浸水３万４２９０戸。86年の「８・５豪雨」は死傷者４人、全半壊１１１戸、浸水２万１０５戸。98年の「８・27豪雨」は死傷者20人、全半壊69戸、浸水３５９０戸。

排水機場

逆流防ぐ４００年の苦闘

台風や大雨になると、阿武隈川沿いの角田市の江尻排水機場は慌ただしくなる。「あぶくま川水系角田地区土地改良区」の担当者が時に徹夜し、水位を画面で確認しながら、水門の開閉や排水ポンプの起動に追われる。

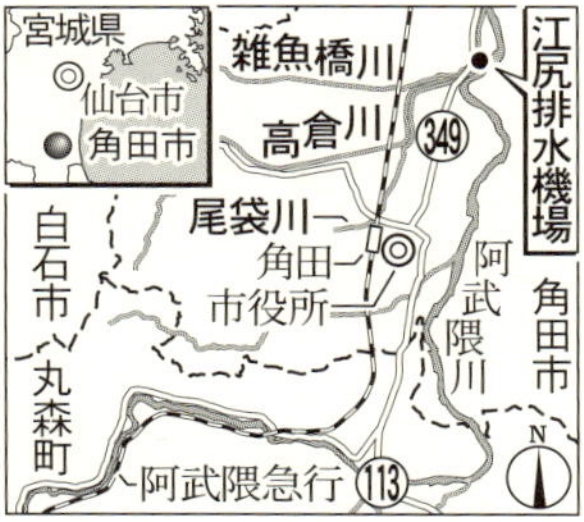

台風13号の接近に伴い、排水作業を行う江尻排水機場
＝2018年8月9日

排水機場は阿武隈川が増水すると水門で逆流を防ぎ、支流の尾袋川と雑魚橋川の水を排水する施設だ。

本流が増水し、支流の流れをせき止める「バックウオーター」現象が西日本豪雨で注目された。支流が集まる江尻はバックウオーターが起きても不思議ではない場所だが、排水機場がそれを防いでいる。

水害隣り合わせ

排水事業を担当する改良区職員渡辺寿伸さん(38)は「阿武隈川がどれだけ増水するか、山間部に降った雨が急に流れ込んでくるのか、状況判断が難しい。一番怖いのがゲリラ豪雨。逆流すると、稲が水に漬かってしまうので必死です」と説明する。

市中心部の雨水も尾袋川を経て阿武隈川に排水される。排水機場のポンプは海抜14メートルにあり、市役所は海抜13メートル。排水機場が機能しなければ、市街地が広く浸水する恐れがある。そもそも角田盆地は約８０００年前、水深約10メートルの入り江で、洪水の土砂の堆積で平野が形成されてきた。水害と隣り合わせなのだ。

藩制時代に由来し、明治時代に石造りになった江尻閘門（角田市郷土資料館提供）

起源は藩制時代

角田の治水の要である排水機場の起源は、４００年前の藩制時代にさかのぼる。１６３７年の洪水で26人が濁流にのまれ、角田館主石川宗敬が堤防約５キロと、木造の「江尻閘《こう》門」を築いた。阿武隈川が逆流すると、水圧で門が閉まる仕組みだ。１８９１年に石造りになった後、33年に動力ポンプ２基を備えた機関場が完成した。これで北角田の農地開発が劇的に進んだ。

改良区副理事長で、排水機場から約2・5キロの北郷地区の専業農家面川義明さん(65)は「農地を守ることは地域を維持すること。治山治水はまちづくりの基本、政治そのものだ。角田は阿武隈川とどう付き合うかに尽きる」と断言する。

排水機場はポンプや除塵《じん》機の老朽化が著しい。市と改良区は

2019年度の補修着工を国に要望し、農林水産省の概算要求に盛り込まれた。総額約59億円、市負担も約5億円が見込まれる一大事業が動きだす見通しだ。

大友喜助市長は「排水機場が万一ストップすれば、角田のまちが水没する。水害対策は最優先だ」と述べる。治水の営みは、角田のまちづくりの歴史そのものでもある。

江尻排水機場　国営かんがい排水事業で整備され、1992年に稼働。ポンプ4基の排水量は毎秒62立方メートルで、かんがい排水事業では東北一の規模。建設費約47億円。受益面積約2740ヘクタール。市が管理し、あぶくま川水系角田地区土地改良区が運転を受託する。

改修工事

平成に転機　堤防強化

阿武隈川の狭窄《きょうさく》部の上流にあり、宮城県境に接する伊達市梁川町五十沢《いさざわ》は水がたまって氾濫しやすい地区だ。同地区に約3キロの堤防が完成したのは1999年のことだった。

堤防で五十沢地区の水害を振り返る（左から）佐藤さん、岡崎さん

堤防完成時に五十沢自治会の副会長だった佐藤徳治さん(77)は「五十沢は3年に1度は水が上がり、自然の遊水池になった。堤防を造ってしまうと対岸の地区に水が来る、と長年反対があった」と回想する。

半世紀経て実現

その前年に福島県内で11人が犠牲になった「8・27豪雨」を受け、国土交通省は阿武隈川流域で「平成の大改修」に踏み切った。大改修で対岸の護岸工事がセットで行われ、着工から半世紀を経て五十沢の堤防は実現した。

「堤防の完成で、安心して眠れるようになった」と話すのは現在の自治会長岡崎光さん(70)。86年にあった「8・5豪雨」では自宅が1階の軒下近くまで浸水した。近所に3日間避難し、板の間の床材を

平成の大改修で建設が進められる五十沢堤防
＝1999年（東北地方整備局提供）

はがして1カ月間乾燥させなければならなかった。地区の被害は全壊1戸、床上浸水65戸、床下浸水1戸、農地の冠水約170㌶に及んだ。

「堤防決壊で一気に押し寄せるのとは異なり、水の流れは緩やかでプールのようだった」と笑って振り返る岡崎さんも、「最近のゲリラ豪雨は異常。五十沢は山を背負っており、土砂崩れが心配だ」と表情を曇らせる。

国直轄による阿武隈川の改修は19（大正8）年、伊達市箱崎の河道掘削や福島県国見町徳江の築堤から始まった。100年の治水史上、短期間に集中的に行われた平成の大改修は一つの転機だった。8・27豪雨の4年後に同規模の出水があったが、福島県の浸水被害は3分の1に減った。

国の阿武隈川の河川整備基本方針は2日間の流

域平均雨量が福島市２５６・５ミリ、岩沼市２５１・６ミリと１５０年に一度の大雨を想定する。２０１８年３月時点の堤防整備率は約67％。当面の目標として、８・５豪雨と同程度の洪水があっても床上浸水被害が出ないことを目指す。

気候変動　東北も

しかし福島大准教授の川越清樹さん(47)＝自然災害科学＝は「『堤防が１００パーセント守ってくれる』と過信してはならない。堤防は逃げる時間を稼いでくれる施設と考えた方がよい」と指摘する。

日本土木学会の水害対策小委員会幹事で、秋田県の雄物川の洪水の調査団事務局を務めた川越さんは「東北でも気候変動の兆候がうかがえる。非常時に行政機関同士が連携できる態勢を強化するとともに、住民は行政に依存せず、身近な異常を自分で判断できる力を付けてほしい」と訴える。

平成の大改修　１９９８年の「８・27豪雨」を受けて始まった。２０００年度までに伊達市梁川町五十沢や本宮市などの築堤計約20キロ、堤防強化約30キロ、郡山市の愛宕川排水機場建設などを実施した。須賀川市の浜尾遊水池は18年度に完成。総事業費約８００億円。

豪雨対策

ハード、ソフト一体で

児童たちが2本の棒に毛布をくるんで応急担架を作り、負傷者役の子を搬送した。住民も一緒にバケツリレーなどを体験した。

防災の日の2018年9月1日、阿武隈川沿いの郡山市安積町の自主防災組織連絡会と安積一小（児童548人）が同校で防災訓練を行い、約900人が参加した。

連絡会は市の指定避難所に加え、地元の私立高校に要請し、避難所として協力してもらう態勢を整えた。八代実会長(75)は「水害に悩まされてきた安積は防災意識が高い」と誇る。

連携し命を守る

市内で2人が犠牲になった1986年の「8・5豪雨」のとき、八代会長は阿武隈川支流の逢瀬川沿いに立地する食品加工場の工場長をしていた。堤防決壊で工場が孤立し、妊娠中の女性を自衛隊ヘリで救出して

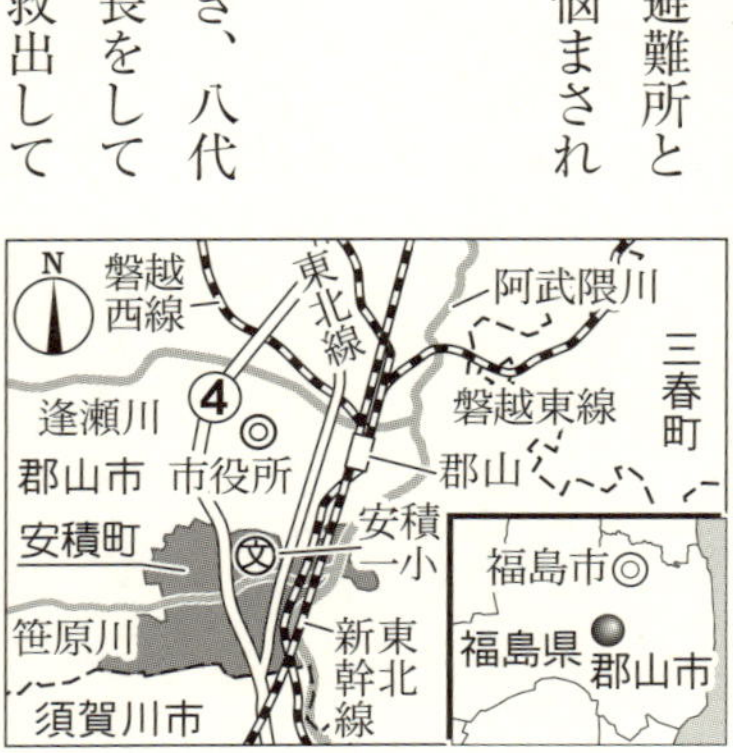

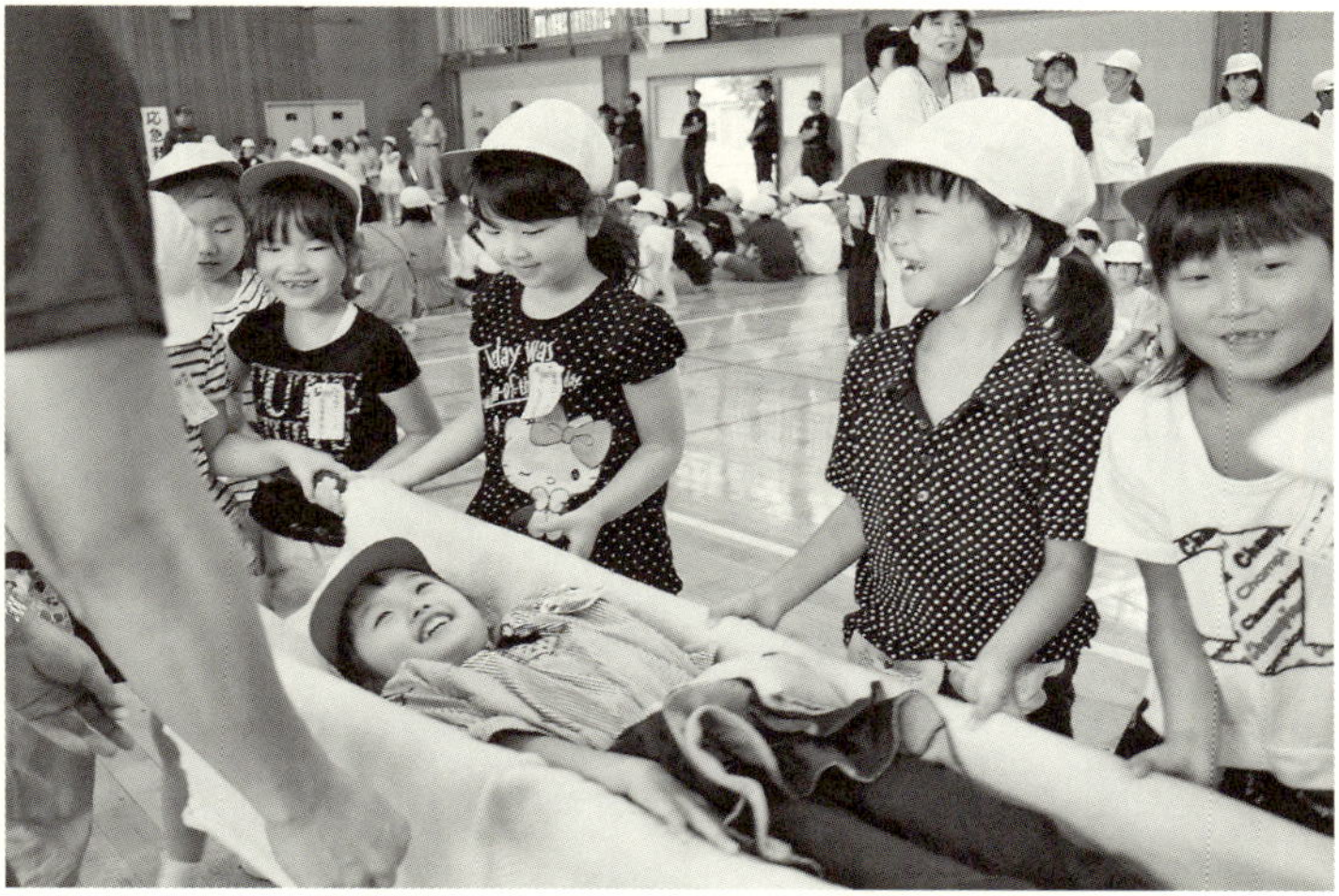

応急担架で負傷者を運ぶ訓練に取り組む児童たち
＝郡山市安積一小（写真は一部加工しています）

もらった。自らもボートで救助された。八代会長は「命を守ることが最優先だ。行政と連携し、日頃から備えたい」と実感を込める。

市も水害への備えの意識は高い。２０１４年に「ゲリラ豪雨対策９年プラン」を策定し、調整池や雨水を一時的に地下にためる貯留管の整備、リアルタイムで浸水状況が分かるハザードマップのインターネット配信など、総合的な対策に取り組む。国土交通省の「１００ミリ安心プラン」に東北で初めて登録された。

品川万里市長は「１３０の河川と安積疎水が阿武隈川に注ぐ郡山は、バックウオーターが懸念される場所が少なくない。水害対策は市政の一丁目一番地だ」と強調する。

阿武隈川(手前)に注ぐ逢瀬川の合流地点。
バックウオーターが起きかねない場所の一つだ

水位で避難情報

阿武隈川の水位によって避難情報を発令する基準を数値化したのも、市が全国初だ。17年10月の台風でも避難指示を出した。

品川市長は「避難情報に『空振り』との声はなく、市民に理解していただいている。インフラ整備によるリスク低減と適切な情報提供に努め、市民には万一の際の心積もりをお願いしたい」と訴える。

進行する気候変動に、ハードだけで水害を防ぐには限界がある。そう国も方向を転換したのが「水防災意識社会再構築ビジョン」だ。阿武隈川流域でも上流の福島県、下流の宮城県で、それぞれ減災対策協議会が設けられ、広域で避難者を受け入れる体制づくりなどの議論が始まった。

東北地方整備局福島河川国道事務所の小浪尊宏所長(42)は「従来の想定を超えた降雨が起こる可能性があり、ハード、ソフト一体で住民の命と暮らしを守らなければならない。郡山市の意識は高く、流域の良いモデルとして発信を続けてほしい」と期待する。

水防災意識社会再構築ビジョン　宮城県大和町の吉田川や鬼怒川（茨城県など）が氾濫した2015年9月の「関東・東北豪雨」を受けた減災構想。国直轄河川109水系の730市町村で20年度までをめどに、堤防強化や河道掘削など約3000キロのハード整備と、タイムライン策定などソフト対策を一体的に行う。阿武隈川流域のハード整備は約55キロ。

水防活動

伝統と誇り　団員継承

水かさが増した阿武隈川を、長さ約12メートルの和舟5隻が進む。各舟に消防団員が5人ずつ乗り組み、懸命に竹ざおをこぐ姿に、観客が声援を送った。

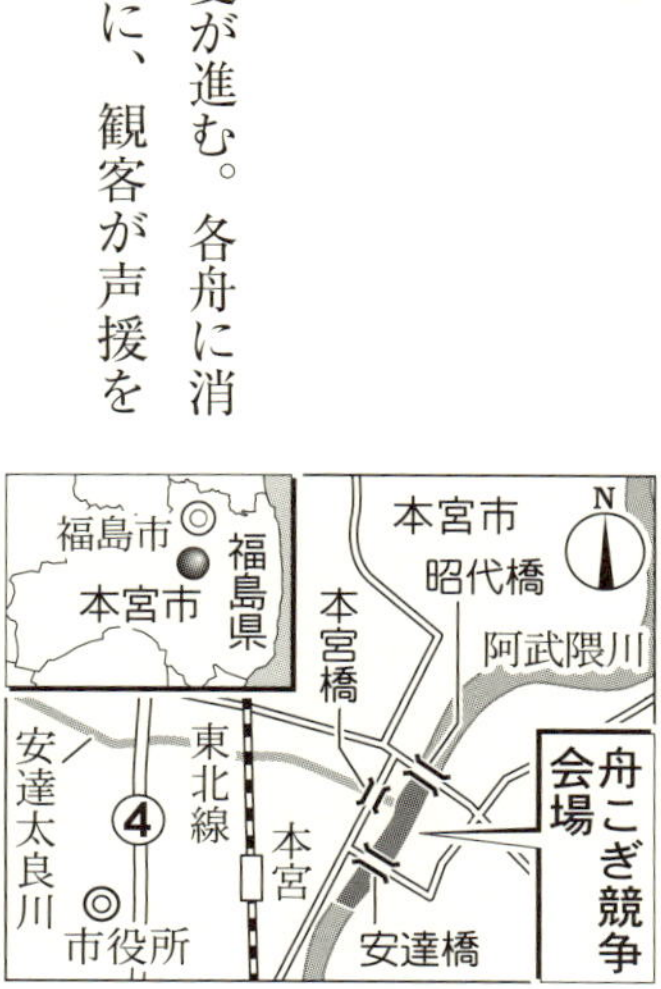

舟こぎ競争で力を合わせる消防団員。本宮市の夏を彩る伝統行事だ

過去約１００年間に30回以上の洪水が起き、「水害のまち」と呼ばれた本宮市で２０１８年８月16日、市消防団の舟こぎ競争があった。水防訓練の一環で、戦後から続くとされる伝統行事だ。水位が95センチを超えると中止され、開催は３年ぶり。この日も水位が90センチあり、ぎりぎりでの実施だった。

市消防団の吉沢直哉船舶部長(47)は「いざというとき、市民に最も身近で頼られるのが消防団だ。使命感を持って技量を磨きたい」と意気込む。

和舟が力を発揮

６、７人が乗れる救助用ゴムボートに対し、和舟はこぎ手３人と避難者約10人が乗船できる。１９８６年の「８・５豪雨」で、冠水のため孤立した病院から患者や職員を救い出すのに活躍した。

「舟は昭和初期からあり、41年の洪水でも出動し

1986年の「8・5豪雨」時、舟で水防活動に当たる消防団員たち（東北地方整備局提供）

たと聞かされた。櫂《かい》を上手に操った先輩がいた」。そう語るのは元消防団長の川名栄さん(72)。「8・5豪雨」に消防団幹部として対応した。

当時は支流の安達太良川に架かる本宮橋に土のうを積んだが、一気に水が上がって決壊したという。川名さんは「まだ消防無線が配備されておらず、現場の把握に時間がかかったのが悔やまれた」と振り返る。その上で「自然は絶対に征服できない。最前線に立つ団員は自分の身を守りながら活動してほしい」とエールを送る。

98年8月の豪雨被害を受けた国の「平成の大改修」で、市内の阿武隈川西岸に堤防が整備された。この20年間で舟の出番はないが、市消防団は船舶部員の育成を続ける。

若手が小型船舶免許を取得する際、費用の一部を補助。団員541人のうち船舶部員は約50人に上る。市消防団は阿武隈川流域の消防団で唯一、条例定数を満たす組織でもある。

安全安心が大切

本宮市は東洋経済新報社が毎年公表する「住みよさランキング」で2009年から県内首位に立つ。国分宏明消防団長(55)は「住み良いまちに最も大切なのが安全安心で、消防団は市民を守るのに一役買っている」と強調。「阿武隈川は本宮のシンボル。荒れたときは手ごわいが、普段の景観は本当に素晴らしい。うまく付き合いたい」と語る。

水害のまちから住み良いまちへ。本宮の歩みを市民の自助意識が支えている。

阿武隈川流域の消防団　2018年4月1日現在　宮城県内の12市町は計4241人で、充足率86・1%となっている。の消防団員数は、福島県内の26市町村が計1万7181人で、条例定数に対する充足率は92・2%。

コラム

伊達氏と川　統治の鍵　用水規定も

伊達市の梁川城跡を中心とする「伊達氏梁川遺跡群」を国史跡に指定するよう、文化審議会が2019年6月、文部科学相に答申した。奥州合戦の功で源頼朝に伊達郡の所領を与えられた伊達氏が、1532（天文元）年ごろまで本拠とした。当時の14代稙宗《たねむね》（政宗の曽祖父）が陸奥国守護職に補任された時期、主殿や会所が整備されたことなどが確認されている。一帯は阿武隈川支流の広瀬川、塩野川の河岸段丘。古来、水を制する者が国を制した。肥沃《ひよく》な氾濫原の生産力を背景にした伊達氏にとり、阿武隈川を治めることは重要課題だったろう。

稙宗は1536年、「塵芥集《じんかいしゅう》」を制定する。「甲州法度之次第」「今川仮名目録」など戦国時代の分国法の中で、条文の多さと詳細な内容で際立つ。名前の由来も「塵芥を集めた」との謙遜の意を込めたとされる。

その塵芥集に用水に関する規定がある。「川上の人は汚らわしいものを流し、不浄を行ってはならない」「流れをせき止め、川下の人を飲み水に飢えさせる事態を招いた者は罪科に処す」といった内容だ。用水の法の背景を分析したのが、遠藤ゆり子さんの「戦国時代の南奥羽社会」（吉川弘文館）。水は郷と郷の間の死活問題であり、灌漑《かんがい》だけでなく飲料水にも使われる場合、村落と町場の対立が生まれる。これらの利害を調整し、「沙汰」を求められた大名家の役割を指摘

伊達市梁川町地区で合流する広瀬川（左）と阿武隈川。
一帯は伊達氏の拠点だった

している。

仙台城下の四ツ谷用水の整備、阿武隈川河口と結ぶ貞山運河、北上川改修と、水に心を砕いた政宗の姿には、阿武隈川とともに生きてきた伊達氏の歴史がうかがわれるようだ。

近代国家にとっても治水は重要テーマ。阿武隈川は国による直轄改修が始まって、2019年で100年の節目を迎えた。直轄改修は伊達市箱崎地区の河道掘削、福島県国見町徳江地区の築堤、福島市の荒川上流の地蔵原堰堤整備に始まる。

令和の時代になっても脈々と続く治水の営みに思いをはせた。

第4部　養蚕

後継ぎ

適地で育む命の輝き

阿武隈川流域は日本有数の養蚕地帯だった。川沿いに良い桑が育ち、川や山地から吹く風が、涼しい気候を好む蚕に合った。養蚕は衰退が著しいが、再評価の兆しもある。蚕と生きてきた流域の生活風景を描く。

年5回の繭出荷

白く美しい繭が、木製の「回転まぶし」にぎっしり詰まっている。上方に行く蚕の習性を利用し、上部が重くなるとまぶしが半回転し、蚕が程よく散らばる。蚕をまぶしに移す「上簇《じょうぞく》」から3日ほどで繭ができ、出荷となる。

宮城県丸森町大張の養蚕農家佐藤靖さん(40)は2018年10月18日、シーズン最後の繭を出荷した。5月から年5回の養蚕を終えた佐藤さんは「今年は晩秋の繭が良かった。台風が来たが、暖気を運んでくれて、

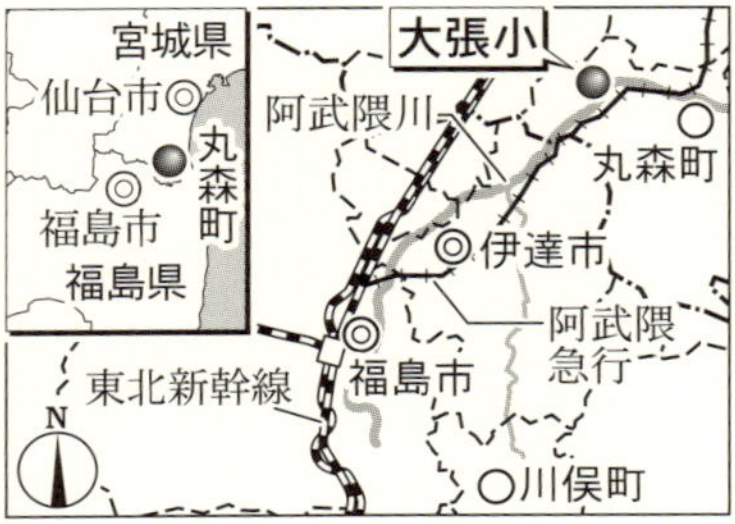

蚕が繭をつくった回転まぶしを回し、風を当てる佐藤靖さん

蚕には悪くなかった」と笑顔を見せた。

繭価の下落で、父喜一さん(70)は30年前に会社勤めになり、母恭子さん(69)が養蚕を担った。靖さんは次男だが、農業を志した。富岡製糸場（群馬県富岡市）の世界遺産登録（２０１４年）などが後押しし、群馬県で若い養蚕農家が就農しているが、以前は全国で最も若手だった。

夏は午前５時起きで桑の枝を切る。上簇は夜中までかかることも。佐藤さんは「最後の一週間はとにかく桑を食べる。桑切りに追われ、飼っているというより、使われている気になる。人間が千年以上関わる蚕は不思議な魅力がある」と目を細める。

衰退進み５戸に

全国で養蚕の衰退が進む。宮城県内最大の繭産地である丸森町も今は５戸に減った。

蚕を飼育用のワラの籠「わらだ」
に移す大張小の児童たち

福島県川俣町には「小手姫」という古代の姫が養蚕と織物を伝えたという伝説が残り、信達地方（福島、伊達両市など）は古来、養蚕が盛んだった。靖さんは後を継ぐ前、川俣町の養蚕農家で1カ月研修した。10年かかって、やっと技術が身に付いたという。「阿武隈川沿いに伝わった養蚕は、山がちで耕地が限られる大張に合っている」と実感する。

恭子さんは「立ちっ放しで足がむくむが、養蚕をしているうちは病気にならない」と笑い、「自分で選んだ道だから頑張ってほしい」と息子を見守る。

地域の伝統を学ぼうと、靖さんの母校・丸森町大張小（児童17人）は1993年から養蚕の体験学習に取り組む。蚕を育て、糸繰りをする「まゆっこ活動」。蚕は佐藤家が提供する。

6年生5人は12月上旬、卒業証書用のシルク和紙の紙すきもする。証書に入る校章は、繭と糸繰り機のデザインだ。

祖父母が養蚕を営んでいた6年佐藤悠太君（11）は「おじいさんやおばあさんがしていた養蚕を

体験できてうれしい。ちょっとかわいそうだけれど、命をいただくので、卒業証書を大切にする」と目を輝かせた。

養蚕の衰退　大日本蚕糸会（東京）によると、最盛期の養蚕農家は1929年に約220万戸、繭生産量は30年に約40万㌧。2017年は養蚕農家が全国336戸で、最多の群馬県が119戸、福島県は次いで44戸、宮城県は15戸。繭生産量は全国125・2㌧で、最多の群馬県45・7㌧、福島県21・3㌧、宮城県3・9㌧。

蚕種屋

科学持ち込み　腕競う

阿武隈川から約500㍍にある伊達市伏黒の冨田蚕種製造所。蚕の卵を採る「蚕種屋《たねや》」の9代目、冨田克衛さん(80)は、2018年10月上旬に卵が産み付けられた蚕種紙の管理に余念がなかった。

春蚕の産卵期と同様に、25度で約60日間保つ。徐々に温度を下げて越

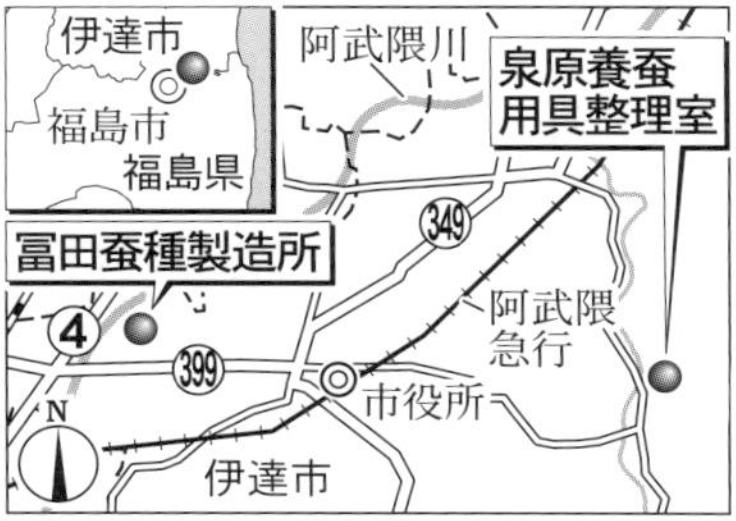

蚕種紙を手に取る冨田さん。来年の養蚕まで入念に温度を管理する

年させ、来年の養蚕に使う。出荷時期から逆算し、温度と日程の管理が大切になる。晩秋の蚕種採りは、空調がなかった時代は難しかった。昭和初期に可能になり、「文化採り」と呼ばれる。

品種改良重ねる

冨田さんは今や、個人業では日本でただ一人の蚕種屋だ。「夏は暑過ぎず、冬は5度前後が良い。人家のない川筋の桑畑はハエの被害がなく、蚕種屋は川沿いで生計を立てる。気候も桑も、阿武隈川のたまものだ」と感謝する。

交配も蚕種屋の腕が問われる。オスは35度前後で育てて早くガにし、メスは27度前後で羽化を遅らせる。メスは羽化当日から産卵を始めるため、オスを先にかえしておくのだ。

雑種第1世代は両親のどちらよりも遺伝的に優れ

ていることが多い（雑種強勢）。これを蚕に応用したのが、福島県蚕業学校（現福島明成高）初代校長の外山亀太郎だった。今の蚕種は、日本種と中国種の交配種が基本だ。冨田さんは「かつて福島にも在来種が数多くあった。品種改良の蓄積の上に今がある」と語り、自らも品種改良に取り組む。

江戸時代中期の繭見本と日本初の温度計「蚕当計」＝伊達市泉原養蚕用具整理室

全国に独占販売

伊達地方は江戸時代から蚕種業の本場だ。伏黒や梁川など39村が１７７３年、幕府の許可を得て「奥州蚕種本場」を名乗り、全国に蚕種紙を独占的に販売した。

伊達市文化課の学芸員山田将之さん(37)は「江戸時代前期に本場だった結城地方（茨城県）が鬼怒川の洪水で壊滅し、伊達の優位性が高まった。産地偽装が起きたほど、伊達ブランドが確立していた」と解説する。

同市泉原養蚕用具整理室に収蔵される伊達地方の養蚕関係用具には、１７５２年にさかのぼる蚕種紙業者の繭見本が残る。梁川の中村善右衛門が１８４９年に制作した日本初の温度計「蚕当計」もある。勘に頼っていた養蚕に科学を持ち込んだ。

明治時代に生糸が日本の主要輸出品になり、製品の規格統一の必要性などから国が統制した。蚕種製造も、個人業者から企業や官立の試験場に移った。

整理室担当者の丹治純子さん(66)は「蚕種屋は技術を競い、研究熱心な科学者のようだった。産業革命が始まったのは繊維業から。養蚕は科学から世界経済まで、幅広い歴史を映し出す」とロマンに誘う。

伊達地方の養蚕関連用具　蚕種採取用の蛾《が》枠や検査用の顕微鏡、生糸を取る座繰り、機織り機など約5000点が伝わる。1344点が2019年3月、国の重要有形民俗文化財に指定された。

織り姫

母から娘へ　紡ぐ思い

宮城県丸森町大内佐野に伝えられる「大内佐野地織り」の保存会館に、使い込まれた手織り機12台が所狭しと並ぶ。地区はかつて養蚕が盛んで、各家庭に織機があった。ほそぼそと続いた地織りを残そうと、１９７６年に保存会ができた。

会長の星とみ子さん(78)は「明治時代、阿武隈川沿いの小斎（丸森町）や枝野（角田市）出身の嫁が機織りを伝えたと聞く。福島や仙台と舟でつながっていた川沿いは栄え、ハイカラだった」と語る。

星さんの嫁入り道具は母の手織りの反物を染めた薄紅色の羽織と緑の袷《あわせ》だ。星さんも繭を出荷して残ったクズ繭から糸を取り、肌着やふんどしを織った。

「恩返ししたい」

女性の手仕事の織物は「手前織り」と呼ばれた。星さんは「今は何でも買えば済むが、昔は何もなかった。絹だけは家にあった」と懐かしむ。

２０１８年3月に入会した地元の横山さくらさん(47)は曽祖母の代の織機を使う。平織りからスタートし、模様を複雑に織り込む組織織りも習い始めた。糸や生地には事欠かない。母の故紀代子さんが一部屋分を残してくれた。

紀代子さんは東日本大震災の３日前、福島県立医大（福島市）で心臓

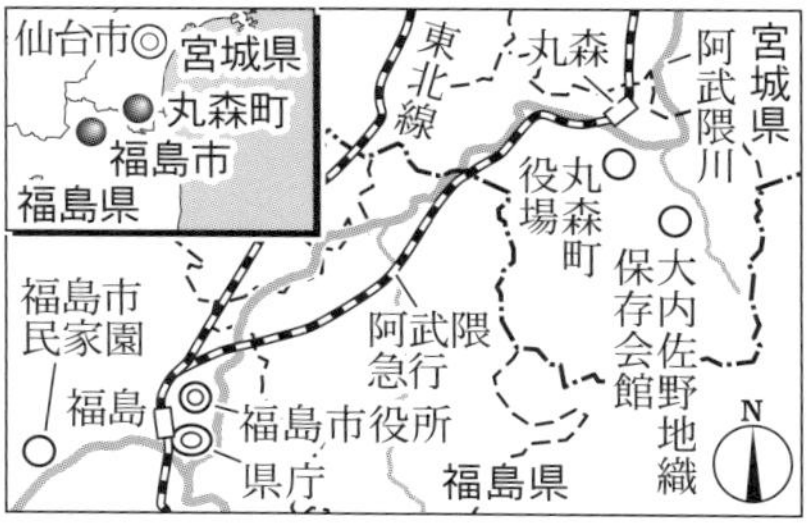

星さん(右)らに大内佐野地織りを教わるさくらさん(中央)

を手術した。病室のテレビで津波の映像を見て、精神的ショックが大きかったという。約3週間後に70歳で亡くなった。

「もともと体調が優れなかったが、術後すぐに震災があってかなり影響したと思う」と涙をにじませるさくらさん。「おかんに教わっておけば良かったとつくづく思う。その分先輩から吸収し、おかんにできなかった恩返しをしたい」

郷土の宝　後世に

手前織りは、阿武隈川上流の福島県内でも盛んに行われた。福島市民家園手織りの会顧問の佐藤和子さん(85)は「庶民の家に織機があり、高度な組織織りを手掛けていたのが阿武隈川流域の特徴。養蚕地帯だった上、明治維新で職を失った伊達家の織師が技を教えたとも言われる」と話す。

福島市内で戦後まで使われた
弓棚式高機＝福島市民家園

佐藤さんは福島県や丸森に伝えられ「縞《しま》帳」と呼ばれる昔の織り方手引書を調べてきた。福島市の旧家に残る明治後期の縞帳にあったのが、きめ細かな市松模様の「八ツ橋」。震災を挟んで5年かけ、2012年10月に再現した。福島で戦後まで使われた「弓棚式高機」に挑戦した。

佐藤さんは「娘に似合う柄、息子には紋付きと、女は家族一人一人を思って織った」と想像を巡らし「震災を経ても高機が無事でほっとした。郷土の宝を後世につなぐことができて良かった」とほほ笑んだ。

弓棚式高機　経糸を通す「綜絖《そうこう》」を竹でつる手織り機。ロクロ式は綜絖が2枚1組で上下して開閉。これに対し弓棚式は綜絖が1枚ずつ下がるため8枚使えるものもあり、より複雑な織り方が可能になる。福島市民家園に2台が伝わる。

絹の里

伝統の技　薄さ世界一

「フェアリーフェザー（妖精の羽）」の名の通り、世界一薄いシルク生地が福島県川俣町にある。糸の細さは髪の毛の6分の1。製造は糸が切れないよう、適度な張力や織機の速度の調整に熟練の技が問われる。

創業66年の「斎栄織物」が2012年に開発した。デザイナー桂由美さんから「花嫁が楽に着用できる薄くて軽いドレス地ができないか」と言われたことがヒントになった。その年の「ものづくり日本大賞」の内閣総理大臣賞を受賞。東京電力福島第1原発事故に悩む福島にとり、明るい話題の一つとなった。

近代日本に貢献

斎藤栄太常務（37）は「川俣シルクはもともと薄手で、産地の伝統と自社の技術を生かした高付加価値の商品を作りたかった。川俣の知名度が

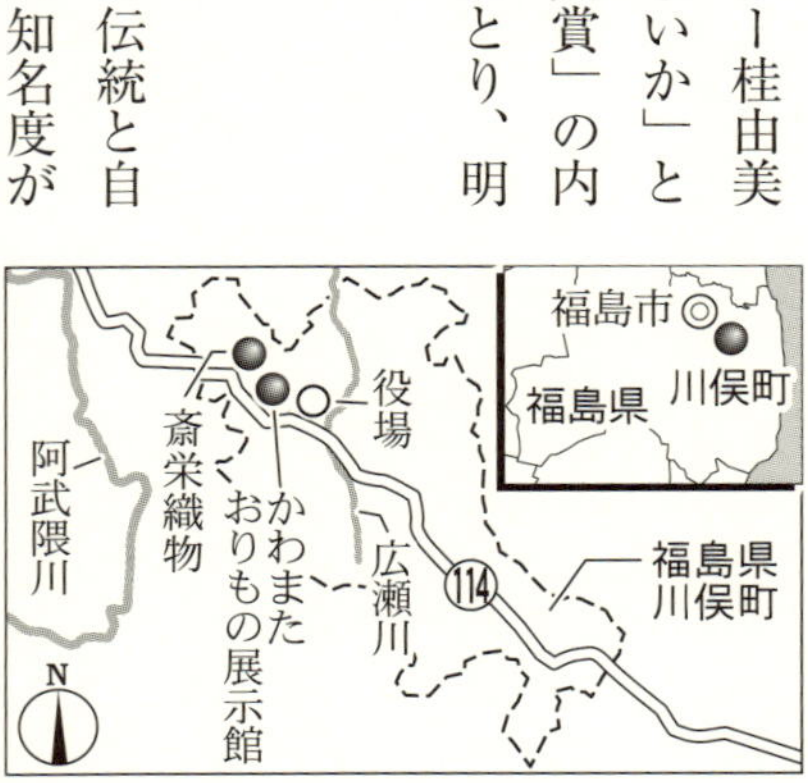

薄手のシルク生地を生産する斎栄織物の工場。
糸切れを防ぐため、織機の調整が重要だ

上がり、地域と業界の活性化につながってうれしい」と喜ぶ。

阿武隈川支流の広瀬川沿いで、養蚕地帯を抱えた川俣は古来、絹織物の集積地だった。近代日本の蚕糸業発展に伴い、川俣産の薄手の絹織物「軽目羽二重」は主に米国に輸出され、まちは繁栄した。東北初の日銀支店が福島市に開設されたのも、蚕糸業関連の金融ニーズのためだ。

元福島農蚕高（現福島明成高）教諭で町文化財保護審議委員の大竹篤さん(68)は「欧米列強の植民地化に対し、日本が貿易均衡を保ち、独立を維持できたのは生糸による外貨獲得のおかげ。福島の生糸は近代日本に決定的な役割を果たした」としつつ、「伝統的な産地だった福島は家内制手工業のまま、工業制への転換が遅れた」と指摘する。

医療分野　応用も

川俣は電動織機の発明者も輩出したが、農家が家で糸を取る「座繰り製糸」が長く主流だった。富岡製糸場が建設された群馬県や長野県で器械製糸が導入され、資本の集中が進んだのと対照的だった。生糸輸出は1929年の世界大恐慌で暗転。戦後は日米繊維交渉による輸出規制や、廉価な中国産などとの競争にさらされた。

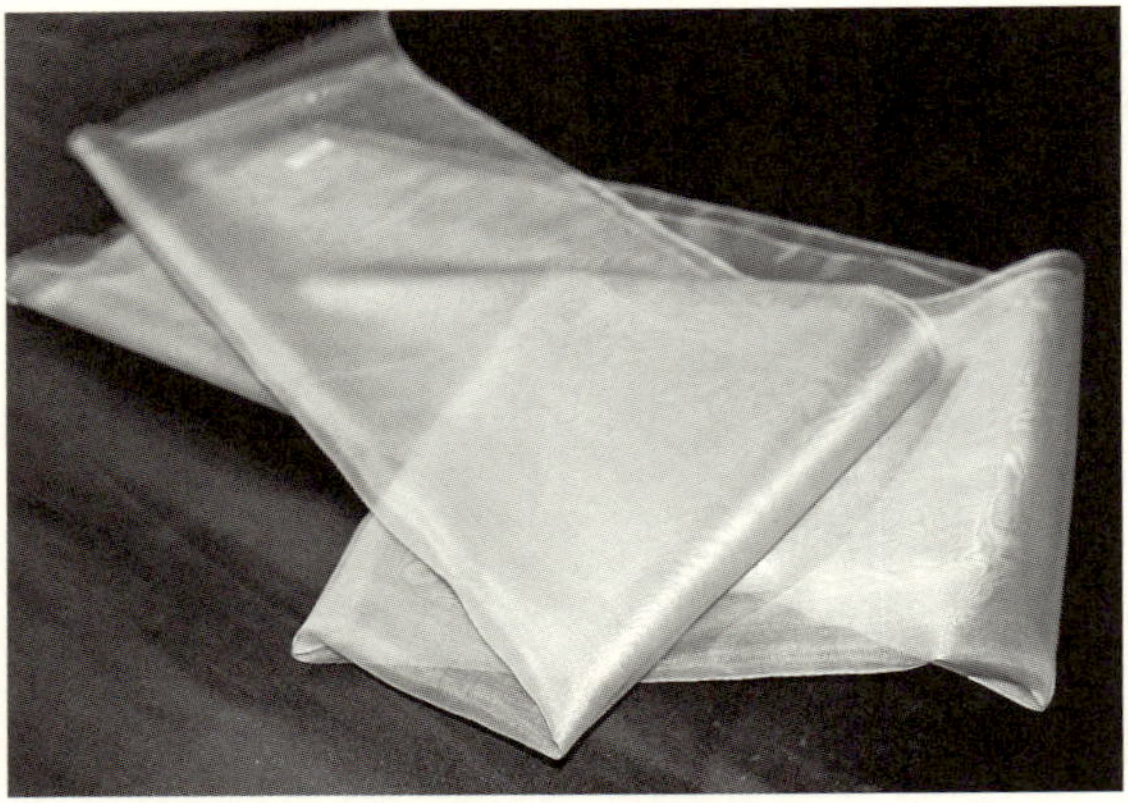
世界一薄いフェアリーフェザーでできたストール

斎栄織物は主力のスカーフに加え、タイプライターリボンなど工業資材に生き残りを賭けた。原発事故後は同業者とニット、縫製の6社でグループ化補助金を活用し、県ファッション協同組合を設立。海外の展示への参加など積極果敢だ。

シルクは最近、人工多能性幹細胞（iPS細胞）の培養シートなど医療分野への応用も注目される。

県織物同業会会長を務める斎栄織物の斎藤泰行社長

（74）は「地域ですそ野まで成り立っているのが織物業。伝統を絶やしてはいけない」と前を向く。時代に翻弄されながらも産地を守る誇りと気概がある。

近代日本の蚕糸業発展　日本の輸出は１８８８年に生糸40％、１９０８年に生糸29％、絹織物８％を占めるなど蚕糸業に支えられた。世界大恐慌をはさみ、米国での生糸価格は5分の1、円安の為替相場を考慮しても半値以下に下落。繭代価切り下げや女性労働者の賃金カットを招き、農村に深刻な影響を与えた。

緑のダイヤ

天蚕　原発事故を超え

もえぎ色の繭と糸の美しさに目を奪われた。「緑のダイヤモンド」と呼ばれる天蚕。白い繭とひと味違う自然の神秘を感じさせる。

伊達市霊山《りょうぜん》町掛田の地域おこし団体「りょうぜん天蚕の会」事務局長の八島利幸さん（82）は「糸が自然にあやを成し、織ると天然の景色が

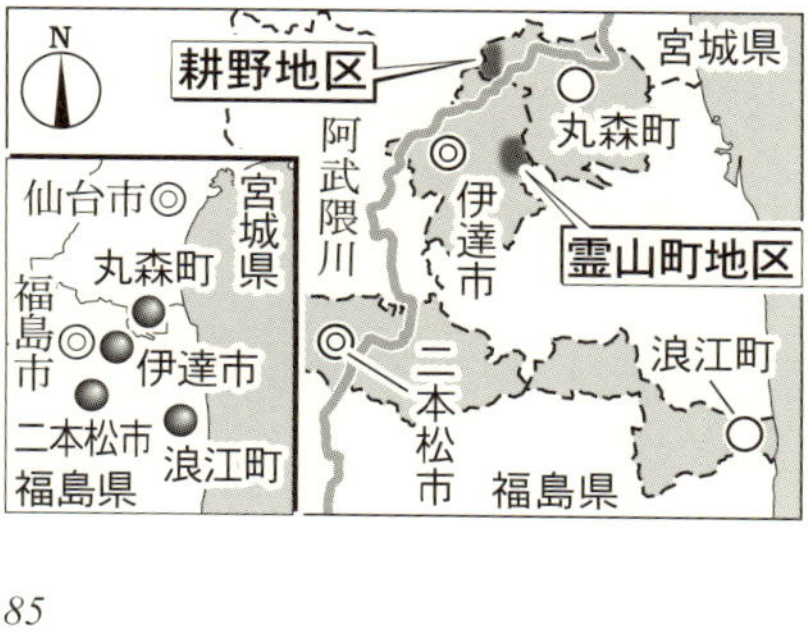

「緑のダイヤモンド」と呼ばれる天蚕。野外の木で飼育される

生まれる。光の反射が多様で、光沢が美しい」と魅力を語る。

阿武隈川流域の養蚕地帯の一角である掛田の生糸は戦前、「掛田折り返し糸」のブランドで輸出された。横浜市に次いで2回目の生糸繭共進会も1881年、掛田で開かれた。

風評被害に苦悩

養蚕が衰退する中、八島さんが「遊休桑園を生かして地域を活性化できないか」と考えたのが天蚕だ。2005年に会を結成。飼育から糸取り、機織りを行い、反物や小物アクセサリーなどを制作する。

天蚕はハウスにネットを掛けて鳥や虫から守り、クヌギなどの木に卵を付けて育てる。野外飼育のため、東京電力福島第1原発事故の風評被害を受けた。「糸に放射性物質が含まれている」と誤解されたのだ。

霊山町など市内の一部は当時、特定避難勧奨地点が点在した。会は放射性物質を検査し、安全性を確認。それでも、風評被害と観光客の減少で、原発事故の翌年は売り上げが半減、次の年も事故前の３割減だった。

会員の元看護師鈴木静子さん(82)は20年前から、故郷の福島県浪江町で天蚕を飼っていた。原発事故で二本松市に避難。２０１４年に、二本松に家を建てた。近所にハウスを借り、天蚕を飼い続ける。自宅のある浪江町権現堂地区は昨年、避難指示が解除されたが、一人で帰還するのは難しい。

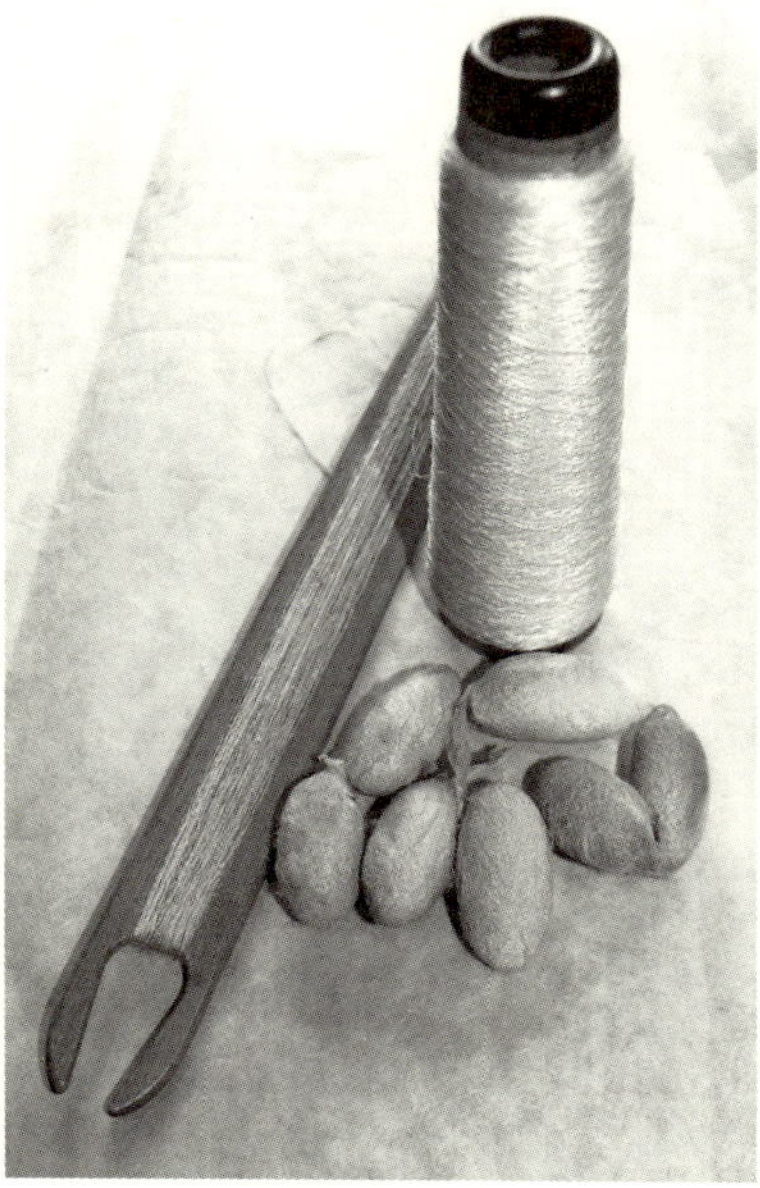

もえぎ色の美しい繭と生糸。
黄色の繭ができることもある

「虫を見ていると心が癒やされる」と言う鈴木さん。「そっとしておいた天蚕は良い繭を作る。自然に人間が手を加えてはいけない。人間が作ったものは必ず壊れる。原発しかりです」

「命の美　後世に」

阿武隈川沿いの宮城県丸森町耕野の染織家石塚裕美さん(51)は２０１６年秋に入会した。首都圏で働いていた石塚さんは化学繊維が肌に合わず、脱サラ。米沢市の専門学校で織物を学んだときに天蚕を知った。耕野に移住して20年。子育てが少し落ち着き、心引かれていた天蚕を飼う機会に恵まれた。

耕野地区は宮城県内では放射線量が比較的高く、避難した移住者が多かった。児童数が減った耕野小は山村留学の受け入れを開始。石塚家は里親を引き受け、取り組みを側面支援する。

「原発事故前、地域には自然と共に生きる生活があった。かけがえのない命の美しさを子どもたちに伝えたい」。石塚さんの願いだ。

天蚕　日本原産の野蚕。「やまこ」「やままゆ」とも呼ぶ。蚕の糸より軽くて柔らかく、糸を織るには熟練の技が必要とされる。長野県安曇野市で江戸時代中期に飼育が始まったと伝えられる。

守り神

猫やムカデ　代々敬う

のどかな田園地帯の宮城県丸森町大内にある高田石碑群。愛らしい猫の姿が刻まれた石碑が２基並ぶ。建立は１８８９（明治22）年と１９１４（大正３）年。地区で養蚕が盛んだった時代を物語る。

町内には蚕をネズミから守る「猫神さま」の石碑と石像が計81基あり、日本一の多さを誇る。

養蚕信仰は全国さまざまだが、阿武隈川流域は石碑と石像が多いのが特徴だ。

猫神さまに詳しい宮城県村田町歴史みらい館の石黒伸一朗専門員(60)は「丸森は花こう岩の産地で、石工が多かった。伊達市梁川町で採れる『赤滝石』という凝灰岩が、丸森でも使われている。石は阿武隈川の舟運で運ばれたのだろう」と推測する。

猫神さまの石碑を調査する石黒さん（左）＝丸森町大内の高田石碑群

東北最古の石碑

１７０２年に出版された養蚕書「蚕飼養法記」には「家々に必ずよき猫を飼い置くべし」と記されているという。丸森町の中島天神社に「猫神」の字が刻まれた１８１０年の石碑があり、東北最古とされる。江戸時代から猫神さま信仰はあつかった。もっとも、石黒専門員によると、ペットの供養碑と考えられるものも少なくないという。飼い主と猫の親しい時間が浮かぶようだ。

猫ブームにあやかり、町観光物産振興公社は２０１８年、斎理屋敷で、猫神さまを写真パネルで紹介する企画展を開いた。昔は蚕を守り、今は客寄せと、猫が丸森に福を招く。

奉納絵馬2万枚

阿武隈川東岸の角田市鳩原の福応寺毘沙門堂には、ネズミが嫌うというムカデの絵馬が伝わる。１７６８年の絵馬から昭和20年代まで、宮城県南はじめ東北各地から奉納された２万３４７７枚が残る。養蚕が成功すると倍返しする風習で増えた。

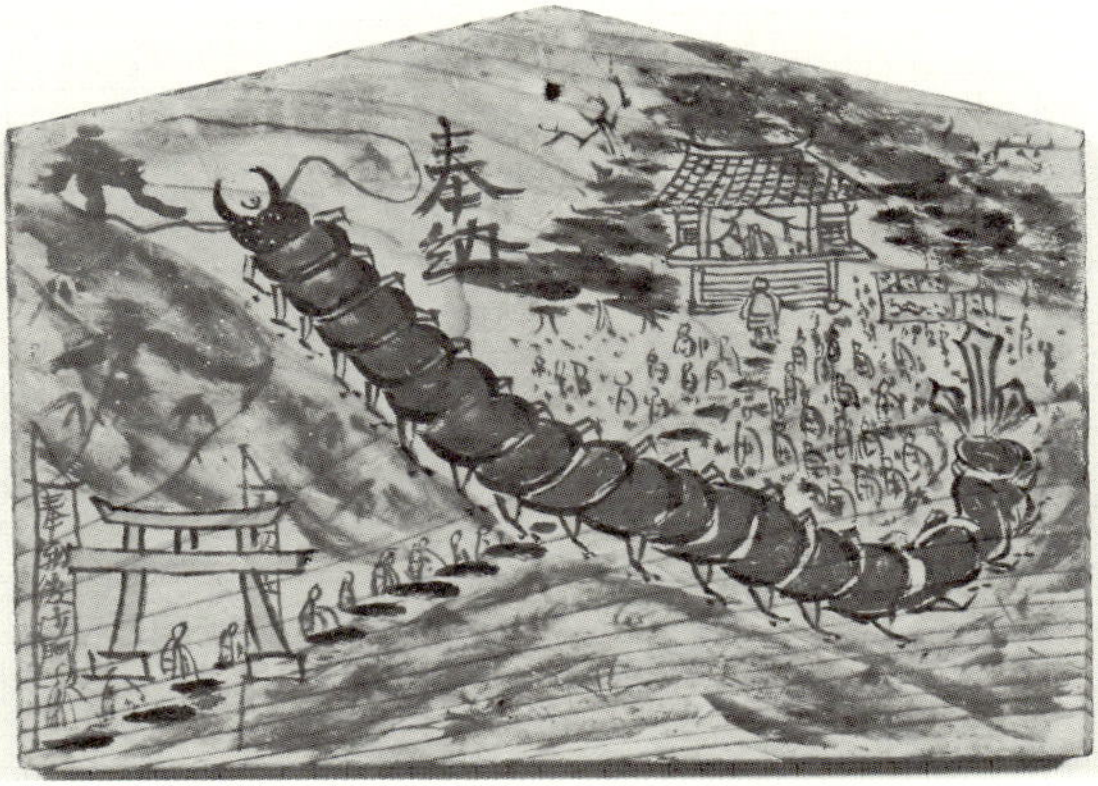
1895 年に奉納されたムカデ絵馬。阿武隈川を渡って参拝客が訪れた祭りのにぎわいを伝える（角田市郷土資料館提供）

旧暦４月３日に行われた毘沙門堂のお祭りは、参拝客が渡し舟で阿武隈川を渡って訪れた。境内の手伝いと舟こぎを、地区住民が半々になって担当した。

絵馬は２０１２年、県内初の国の重要有形民俗文化財に指定された。福応寺は19年６月、収蔵展示施設「むかでの絵馬館」を開館させた。

福応寺総代長で元養蚕農家の渡辺辰雄さん(90)は、文化財指定に当たって絵馬の整理作業に携わった。渡辺さんは「国の文化財に認められたことは地域として大変光栄。今は養蚕を知らない人が多いが、絵馬を通して歴史を感じてほしい」と望む。

養蚕信仰　猫の石碑と石像は宮城県で１２３基、福島県18基、岩手県12基、長野県11基などが確認されている。群馬県にはネズミよけの猫を描いた「新田猫絵」が伝わる。猫以外に蛇神さまや「蚕神」と刻まれた碑などもある。

コラム

佐野製糸場　工女大事にした職場

宮城県丸森町金山地区を流れる阿武隈川支流の雉子尾川《きじお》を渡ると、立派な石垣が姿を現す。明治、大正時代に良質なシルクを生産、輸出した、県内初の近代製糸工場「佐野製糸場」跡だ。

近所の郷土史家、志間泰治さん(94)の「亜米利加《アメリカ》で大うけの佐野製糸」によると、創始者の佐野理八は近江（滋賀県）出身で、生糸・呉服商に奉公し、20歳で福島の生糸買い付けを任された。東北で生糸生産を計画した豪商小野組がヘッドハンティング。福島県令安場保和の働き掛けで、１８７３年、二本松城跡が払い下げられ、二本松製糸場が操業した。官営の富岡製糸場操業（１８７２年）の翌年で、民間初の工場だった。

小野組の倒産で二本松製糸場は閉鎖された。再起を図る佐野は、良質な繭を生産する丸森に着目した。金山は渓流の水が豊富で、仙台藩から将軍家や諸大名への進物だった「金山紬《つむぎ》」の産地だった。阿武隈川の舟運もあった。志間さんは「佐野は阿武隈川を下ってきて、二本松と一体の地域であることを体感したのだろう」と話す。佐野製糸場は１８８６年に操業した。

フランス製の機械を導入した工場で、工女（女性従業員）が活躍した。待遇も良かったという。日曜になると工場前に人力車が連なり、ドライブを楽しんだという。奉公の経験がある佐野は、工女の教育と楽しい職場づくりを重視した。夜学講座を開き、病棟を建てた。日光や松島に

手厚く葬られた佐野製糸場の工女の墓

社員旅行をした。阿武隈川の舟運で槻木に行き、蒸気機関車に乗った。慰安だけでなく、横浜の生糸検査所などを視察。工女に仕事に誇りを持ってもらう目的があったという。私設測候所を開設し、地域の養蚕振興にも寄与した。

1915年に佐野が死去した後、不況や米国の化学繊維産業の進展に伴い、経営は厳しさを増し、1936年に閉鎖された。

製糸場跡から山手にある墓地に、工女28人の墓がある。会社が、新潟など故郷を離れて亡くなった工女を弔った。北陸出身者の多くは二本松製糸場以来の従業員だった。「女工哀史」のイメージとは違う、温かみのある世界が阿武隈川流域にあった。

第5部　近代まで

古代（上）

「最果て」大和と密接

東北の入り口である福島県南から北上する阿武隈川流域は古来、中央による東北支配の最前線となった。大和朝廷の蝦夷《えみし》征服はじめ、源頼朝の奥州合戦、明治維新まで。時代の転換点となった舞台を歩き、近代までの歴史を考える。

信仰で蝦夷支配

「おひたかさん」の名で親しまれる、阿武隈川東岸の角田市島田の熱日高彦《あつひたかひこ》神社。ヤマトタケルノミコトが東征の折に創建し、1900年の伝統があるという伊具地方（角田市と宮城県丸森町）の古社だ。2019年1月14日のどんと祭は和紙の灯籠が奉納され、神秘的な雰囲気をいっそう増した。

旧社殿は西向きだったと伝えられる。東向きだと、太陽神の天照大神に歯向かう形になる。大森山から昇る朝日の威光を背に、阿武隈川沿い

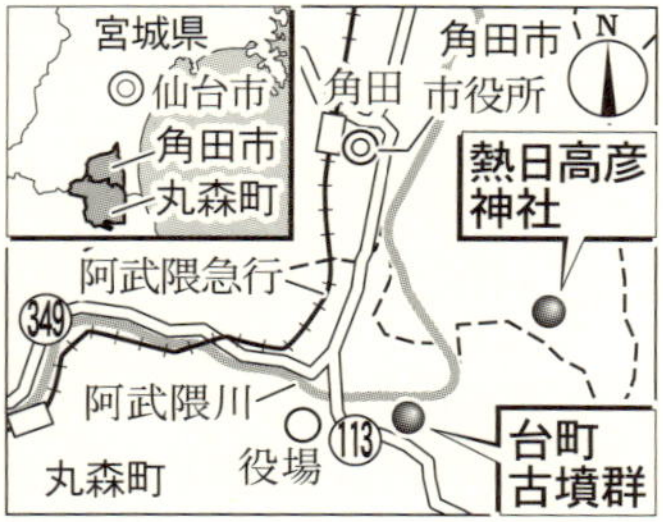

どんと祭で熱日高彦神社をお参りする家族連れ。伊具の古社は森厳とした雰囲気に包まれた

の平野へ西向きに建てられたという。

黒須貫《とおる》宮司（54）は「熱は位の高さを示し、日高は蝦夷の流れで、蝦夷に敬意を表した。東北には大和が蝦夷の神を取り込み、蝦夷の聖地に神社を設けた例が少なくない。力より信仰で支配した」と想像する。

宮城県地名研究会の太宰幸子会長（75）＝大崎市＝は、伊具を阿武隈川に関わる地名と考える。「『い』は水に通じる。水の入り口を示す『いぐち』が、伊具の由来ではないか。丘陵のへりを流れて平野に出てくる阿武隈川の地形に関係があると思う」と推量する。

制度転換が起因

伊具は阿武隈川と切っても切れない。丸森町にある5～7世紀の「台町古墳群」は、伊具国

台町古墳群から出土した女性の埴輪の複製＝丸森町まるもりふるさと館

造の墓とみられる。国造は大和と盟約を結ぶ地方豪族で、「伊久（具）国造」は文献に残る最北の国造だ。

古墳群の一つから出土した、「はそう」と言うつぼをささげ持つ女性の埴輪《はにわ》は、頭部を丸く作り、目や口をくりぬく畿内の技術が用いられている。板状の面に目鼻を付けた東国の埴輪に比べ、精巧さが際立つ。

国造廃止と律令《りつりょう》制導入で、伊具郡衙《ぐんが》が置かれた跡とされる角田郡山遺跡（角田市）では、かまどに掛ける部分がある土器「羽釜」が出土した。畿内にほぼ限定された朝鮮半島由来の形式で、大和に結び付く人物が持ち込んだ可能性がある。

当時の「最果て」である伊具と中央の関わりについて、宮城県多賀城跡調査研究所の古川一明所長(60)は「阿武隈川は古い時代の国境線で、伊具は北限の最前線だった。地方分権だった国造から中央集権の律令制へ、がらりと支配形態が変わるときに、この地が重視された」と解説する。

ただ、制度転換を境に蝦夷とのあつれきは高まる。多賀城国府の前の陸奥国府だった仙台市太白区の郡山遺跡には、蝦夷に服属を誓わせる儀礼の場として石組みの池があった。飛鳥石神遺跡（奈良県）にある石組み池と同じ形式とされる。

古川所長は「蝦夷への差別が増幅された。阿武隈川や名取川以北が、蝦夷と大和がせめぎ合う緩衝地帯になった」と指摘する。

国造廃止と律令制導入　国造と緩やかな同盟を組んで地方を治めていた大和朝廷は、大化の改新（６４５年）後、国造を廃止し律令制を導入。７２４年、多賀城に陸奥国府が設置される。その前後から蝦夷の抵抗が激化し、７８０年の伊治公《これはりのきみ》呰麻呂《あざまろ》の反乱では多賀城が焼き打ちされた。

古代（下）

支配の拠点　川沿いに

「人忘れずの山」と「人なつかしの山」。こんもりした二つの山が、白河市と福島県泉崎村の境を流れる阿武隈川を挟み、関所を構えるようにそびえる。

人忘れずの山(右)と人なつかしの山(左)に挟まれた
阿武隈川沿いの白河官衙遺跡群周辺

一見して交通の要衝と分かる場所に古代の郡役所、白河官衙《かんが》が設置された。官衙跡の関和久遺跡が泉崎村側に、付属寺院である借宿廃寺跡が白河市側にある。

白河郡は陸奥国36郡のうち最多の17郷を管轄した。近隣の谷地久保古墳には「横口式石槨《せっかく》」という石のひつぎがあり、奈良県の中尾山古墳に類似するとされる。

物資輸送支える

白河官衙遺跡群の調査に当たってきた白河市建設部の鈴木功理事(57)は「都の権力者に近い人物が治めた証拠。中央の東北経営にとって、白河は

駅家の可能性が高い原遺跡。奥が阿武隈川（岩沼市教委提供）

絶対に押さえなければならない地だった」と強調する。

白河官衙の物資輸送を支えたのが、阿武隈川の水運だ。関和久遺跡には租税の米を納めた正倉院跡があり、周囲を溝が巡っていた。北側には溝の代わりに阿武隈川から引いた運河跡が確認されており、舟が使われたと推測される。

7世紀末の屋根瓦とされる「複弁蓮華《れんげ》文様軒丸瓦」は、阿武隈川流域の郡山市や角田市でも見つかっている。その一方、阿武隈川以北では確認されない。阿武隈川沿いに文化圏が形成されていたとみられる。

徳川幕府の老中も務めた松平定信の居城だった白河藩の小峰城は、外堀に阿武隈川を利用する。伊達家や上杉家から関東を守る最後のとりでだ。白河の関と阿武隈川は古来、北と南の境界であり続けた。

「駅家」の可能性

阿武隈川を下って岩沼市玉崎地区にある原遺跡が、緊急の通信や公用の旅行のために馬が置かれた平安時代の「駅家《うまや》」の可能性が高まっている。当時の法令集「延喜式」に「玉前駅家」の名があり、以前から存在が注目されていた。駅家と確認されれば東北初だ。

出土品の円形すずりが傍証の一つで、文字を使う役人がいたことを示す。すずりは東海地方産とされる。会津若松市の大戸窯で作られた陶器も見つかった。これらの品は阿武隈川の水運で運ばれたと考えられる。

岩沼市教委生涯学習課の川又隆央係長(47)は「広い道路や公共施設は国家権力を誇示し、地域を支配する上で視覚効果があった。原遺跡は東山道と浜街道、阿武隈川の水運が交わる岩沼の原型で、研究を深める」と意気込む。

白河官衙遺跡群　関和久官衙遺跡が1984年に、借宿廃寺跡が2010年に国史跡に指定された。周辺の半径約2キロ以内に下総塚、谷地久保、野地久保の各古墳と豪族居館跡の舟田中道遺跡があり、国史跡に指定されている。

奥州合戦

中世への帰趨決する

中尊寺の株分け

宮城県境近く、福島県国見町のシンボルである厚樫《あつかし》山。親しみやすい名山を望む同町西大枝地区の中尊寺蓮池を7月に訪れると、約45アールの水田にピンクや白のハスが咲き誇っていた。約150キロ離れた中尊寺（岩手県平泉町）ゆかりのハスだ。

1950年の中尊寺金色堂の調査で、藤原泰衡の首が入ったおけからハスの種が見つかった。そのハスが国見町に株分けされた。縁を取り持ったのが、奥州合戦だ。

国見は奥州合戦最大の激戦地だった。藤原氏は厚樫山から阿武隈川まで約3・2キロにわたり、二重の堀と土塁による防塁を築き、源頼朝を迎え撃った。防塁は中尊寺蓮池の脇を通る。

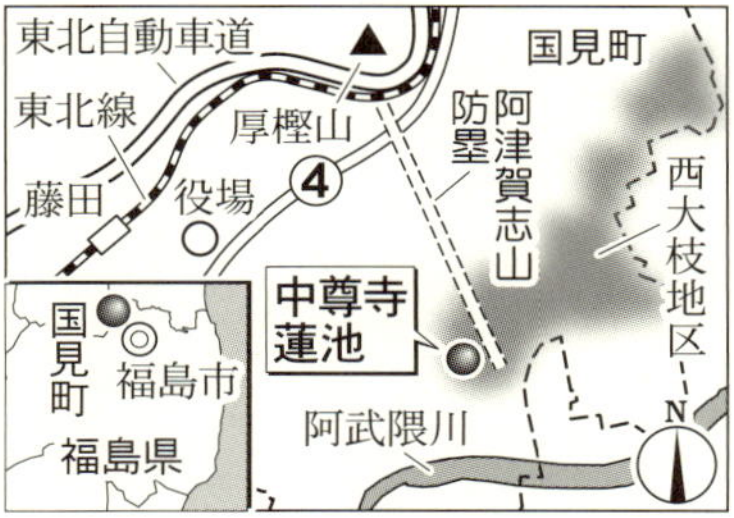

震災の年に植えられた中尊寺ゆかりのハスの花。背景の手前右が厚樫山

平氏との戦いでは鎌倉を動かなかった頼朝が、奥州合戦には自ら出陣し、国見に陣を構えた。土地の権利をかけた「一所懸命」の主従関係に基づく鎌倉方に対し、氏族の緩やかな連合体だった奥州勢は敗れた。

封建社会で、農業生産と生活圏の形成は新たな発展段階に入る。貴族社会から武家政権へ、古代から中世への転換期の帰趨《きすう》を決した舞台が国見だった。

町内では9月、奥州合戦にちなみ、時代行列が練り歩く「義経まつり」がある。町郷土史研究会長の中村洋平さん(77)は「坂東（関東）に負けたのは時代の流れで残念。ただ、日本が統一された変革期を物語る遺構は町の宝だ」と誇る。

鎌倉時代の史書「吾妻鏡」には「国見宿と阿津賀志山の間に堀を構え、阿武隈川をせき入れて柵となし」とある。だが、水位を考えると、阿武隈川の水を引くのは現実には難しいようだ。

町内を練り歩く義経まつりの静御前の行列

川せき止め堀に

この記述を巡り、町文化財センター「あつかし歴史館」の歴史文化資料調査員笠松金次さん(67)はこんな仮説を立てる。西大枝を流れる支流の滑川《なめり》は、防塁との高低差が約10メートルあった。「滑川をせき止めれば天然の堀になり、吾妻鏡と合う」と考える。

もともと西大枝は阿武隈川の氾濫原地帯で、ぬかるみ、昔は「田げた」という舟のような板に乗って田植えしたという。ハスの生育には条件が良かった。

平泉から２００９年に株分けされたレンコンを、有志の国見町中尊寺蓮育成会が鉢で増やした。「いよいよ植え付け」というときに東日本大震災が起きた。延期も考えたが、鎮魂の意を込め、その年の４月に植えた。

育成会長の氏家博昭さん(72)は「藤原氏はあつい浄土信仰を通じ、平和の精神を伝えた。震災の年に植えたハスで、東北の心を国見から発信したい」と顔をほころばせた。

奥州合戦　源頼朝が1189年、四代続いた奥州藤原氏を滅ぼした戦い。常陸（茨城県）の中村氏が戦功で伊達郡などの所領を与えられ、伊達氏となるなど、以後の東北の原型ができた。阿津賀志山防塁は1981年に国史跡に指定された。

南北朝動乱

奥州根差す政治演出

平安時代に山岳寺院が開かれた霊山《りょうぜん》（伊達市霊山町）は、険しい岩場に新緑や紅葉が映え、登山の楽しさが増す。

東に太平洋や金華山、西に吾妻小富士や阿武隈川沿いの福島盆地。南奥州の一角を見渡す山頂付近に礎石が残る。南北朝時代、南朝の後醍醐天皇方の北畠顕家が拠点とした陸奥国司館跡だ。

顕家が霊山に国府を置いた1337年、南朝は敗色濃厚だった。ただ、前年の1次遠征では京都に攻め上り、足利尊氏を九州に追い払っ

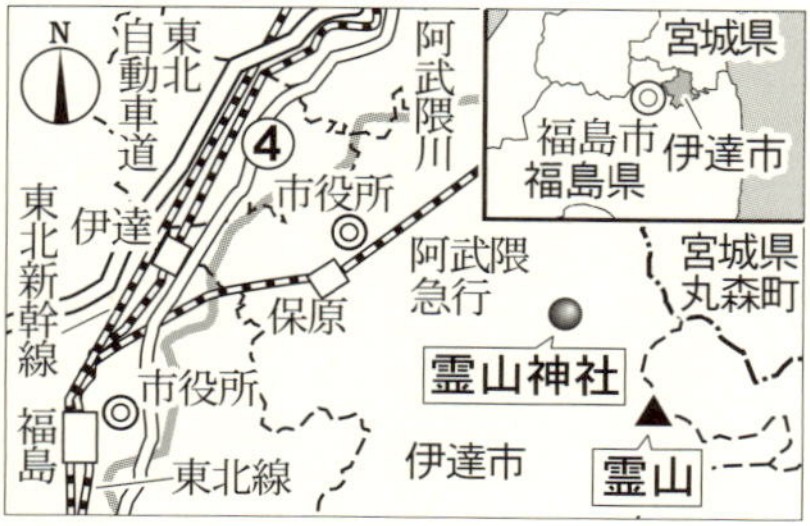

岩場が切り立つ霊山。顕家が陸奥国府を置き、巻き返しを図った

た。中央の支配を受け続けた奥州にとって、唯一の攻勢だ。顕家率いる奥州勢が強かったのはなぜか。

国人を広く登用

東北の南北朝動乱に詳しい伊藤喜良福島大名誉教授(74)は、顕家が行政、軍事に奥州の国人を登用した点を挙げる。８人による陸奥国の最高合議体「式評定衆」に、伊達地方の伊達行朝、白河地方の結城宗広、親朝父子の３人を入れた。

伊藤名誉教授は「植民地のようだった奥州に、自らの手による政治体制が築かれた。奥州の歴史にとって画期的だった」と強調し、「顕家の後醍醐天皇への諫奏文《かんそう》は『中央で決めるのでなく、地方の住民と一緒に政治をしなければだめだ』との内容を含んでいる。奥州の現実を見抜いていた」と評価する。

霊山は、後醍醐天皇が逃れた吉野（奈良県）と修験

霊山神社所蔵の「北畠顕家」
（荻生天泉作）

のネットワークがあった。態勢立て直しを図る南朝にとり、地の利もあった。

南朝の敗北でタブーとなった霊山だが、明治時代、南朝の正統性が認められて一転した。顕家を祭る霊山神社が1881年に創建された。顕家や楠木正成が忠臣として称揚された。

「戦争で歴史観がゆがめられたのは残念だった」と嘆くのは、霊山町郷土史研究会副会長の菅野家弘さん(76)。日露戦争に出征した祖父が、顕家の1字を取って名付けたという。

武家の現実主義

菅野さんは「戦前の愛国心高揚で霊山がクローズアップされたが、源泉は平安時代の霊山寺にある。地域にとっては、その歴史こそ大事にしたい」と語る。

「神皇正統記」。顕家の父の親房が、北朝に傾く結城親朝らの説得のために執筆した。近年は後醍醐天皇への批判もうかがえるとの学説が主流だが、戦前は天皇に忠誠を求めるイデオロギーに利用された。

白河市歴史民俗資料館学芸員の内野豊大さん(43)は「結城氏にとって最優先課題は、忠義より家と領地をどう守るか。それが武家のリアリズムだった」と指摘する。

地に足の付かない政治の愚かさは、いつの時代も変わらない教訓だ。

北畠顕家　１３１８～38年。後醍醐天皇の「建武の新政」を支えた有力公家。33年に陸奥守として多賀城に赴任。１次遠征で足利尊氏を破った後、再び陸奥に赴き、37年に霊山に国府を置いた。２次遠征で和泉石津（大阪府）で戦死。専制的に振る舞う後醍醐天皇に諫奏文を上奏した。

明治維新前後

正統と異端　意識融合

冬の使者は優美だ。宮城県南を流れる阿武隈川支流の白石川に毎年、飛来したハクチョウが羽を休める。

思い浮かぶのがヤマトタケルノミコト。異境で客死し、白鳥になって都へ飛んでいったという神話は鮮烈だ。

飛来地の近く、同県蔵王町宮の刈田嶺神社はヤマトタケルノミコトを祭る。境内には江戸時代に奉納された白鳥の絵馬や、白鳥を刻んだ古碑群がある。

佐藤稔宮司（83）は「つがいの白鳥は夫婦仲を表し、縁結びの神徳がある。神の化身として白鳥を敬う信仰が、明治時代以降まであった」と話す。

白鳥信仰の起源

村田町の白鳥神社、大河原町の大高山神社もヤマトタケルノミコトを祭る。白石川沿いの各地に白鳥信仰が根付いていた。

もっとも、宮城学院女子大の平川新学長（68）によると、ヤマトタケルノミコトが祭神とされるのは近世以降という。その前は、蝦夷《えみし》の安倍一族の安倍則任《のりとう》（白鳥八郎）を祭っていたとみられる。安倍氏の出身地は白鳥郷（奥州市前沢）で、素朴な自然信仰と、地方の英雄の悲劇が結び付いたのが始まりと推察する。

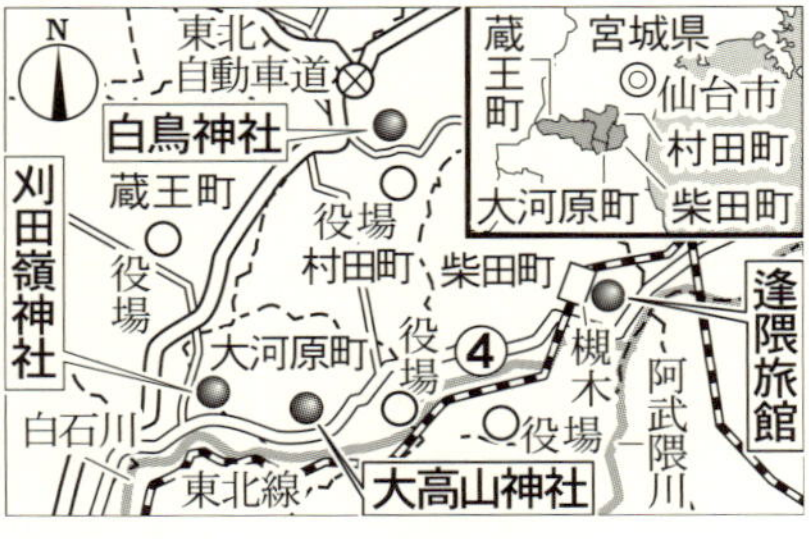

白石川に飛来したハクチョウ。宮城県南には白鳥信仰が根付いていた＝蔵王町宮

平川学長は「逆賊の安倍氏より、皇祖神を祭る方が、神社の格式が上がると考えたのだろう。古代の豪族への親近感を抱きながら、天皇家を高貴な存在として受容する。正統と異端の両方の意識が融合していたと思われる」と分析する。

当時の民衆の天皇に対する敬愛は、明治の天皇制国家をスムーズに受け入れる素地となった。

戊辰戦争で進駐した新政府軍兵士が領民の制止を無視しハクチョウを撃ったことに端を発する「白鳥事件」。仙台藩士が新政府軍の舟に発砲した。戊辰戦争に負けた仙台藩側は事態収拾のため、その地の領主を切腹させた。

巡幸の休憩地に

事件の舞台になった柴田町で、白石川が阿武隈川に注ぐ。合流地点の槻木地区に、江戸時代から

逢隈旅館に飾られている明治天皇の御真影
＝2018年11月、宮城県柴田町槻木の逢隈旅館

続く逢隈旅館がある。明治維新直後の明治天皇巡幸で休憩場所となった。その際、「逢隈亭」の名を賜った。ウナギのかば焼きが名物で、昔は阿武隈川産を扱った。

太平洋戦争中の1942年、町が旅館の庭に明治天皇巡幸の記念碑を建立。紀元節には児童が遙拝《ようはい》に来た。天皇は戦後、国家元首から象徴へ変わった。戦地や被災地の慰問に精力を注がれた天皇陛下は2019年4月30日に退位し、上皇となった。

18代目亭主の猪股和郎さん(82)は願う。「平成の時代は争いごとがなく、静かだった。これからも穏やかな日本であってほしい」

明治天皇巡幸　明治維新直後に農民一揆や不平士族の反乱が続発する中、全国の人心の掌握を目的に行われた。戊辰戦争に敗れた東北には1876(明治9)年と81(明治14)年の2回訪れた。

コラム

在野の郷土史家　志と見識兼ね備える

源頼朝と藤原泰衡の奥州合戦決戦の地、福島県国見町の阿津賀志山は昭和40年代、東北自動車道建設に際して防塁の保存が論議された。郷土史研究の機運が高まり、町郷土史研究会が１９７１（昭和46）年に設立された。その中心的存在だったのが、故菊池利雄さん（２０１８年８月、88歳で死去）だ。農業を営む傍ら、阿津賀志山防塁、伊達氏の重臣石母田氏の居城「石母田城跡」などを研究。国見町史編纂《へんさん》委員や福島県文化財調査員などを務めた。

第１部「舟運」で、国見に伝わる舟運の絵馬を紹介した。その取材で菊池さんにお会いした。第５部「近代まで」の奥州合戦の準備取材を兼ねてだったが、その後、体調を崩し、再び話を聞く機会のないまま他界された。メモをひもとくと、奥州合戦について、頼朝にとって蝦夷《えみし》の内国化が最大の政策目標であったと説き、藤原氏は氏族の緩い連合体であり、武家集団の主従制が未成熟だったとして、「頼朝に負けるべくして負けた」と喝破した。研究者としての冷静な目と見識に舌を巻いた。

次の第６部「近現代」の取材は、仙台市の歴史研究者、故一戸富士雄さん（２０１９年２月、88歳で死去）を抜きに語れない。青森県の農家出身。飢饉《ききん》に悩まされた戦前の東北の農村の研究に一身をささげ、「国家に翻弄《ほんろう》された戦時体制下の東北振興政策」（文理閣）を著した。東北の疲

一戸さんの著作(中央)と大内さんの著作、国見町
郷土史研究会誌「郷土の研究」の菊池さん追悼号

弊と国策の変質を微に入り細にわたり分析する姿勢は、執念を感じさせた。根っからの学者だった。

満州事変の対応に当たった旧陸軍第二師団の所属部隊の陣中日誌解読の取材で、知遇を得た。阿武隈川物語で取材したときは、病身を押して図書館に足を運び、参考資料リストを手書きで作成してくださった。コメントを使った原稿の掲載直前に亡くなり、紙面をお目にかけることができなかった。このときほど遅筆を悔やんだことはない。

福島市の信夫山地下の軍需工場を教え子と調査し、福島県内の学徒動員を調べ続けてきた元高校教師大内寛隆さん(83)にも多大な示唆をいただいた。第5、6部の歴史編は、こうした積年の研究に負うところが大きい。ここに謝意を表したい。

第6部　近現代

自由民権運動

人権とは　福島で問う

明治維新で日本は上からの近代化を推し進めた。個人の人権より、天皇を中心とする国家体制が優先された。富国強兵の国策は戦争につながり、悲劇を招いた。近代のひずみを最も大きく受けた東北。東京電力福島第1原発事故はその延長線上にあり象徴的だ。阿武隈川流域で、敗戦までの近現代史を考える。

重謙屋敷で演劇

「それにしても遠い。一人一人に考える自由や、幸福を求める権利がある。互いに認め合う社会をつくりたいだけなのに」

阿武隈山地の福島県石川町中心部に立派な屋敷がある。自由民権運動に熱心だった元庄屋、鈴木重謙《じゅうけん》の屋敷だ。ここで2018年11月、劇の上演があった。

須賀川市のＮＰＯ法人「はっぴーあいらんど☆ネットワーク」の演劇

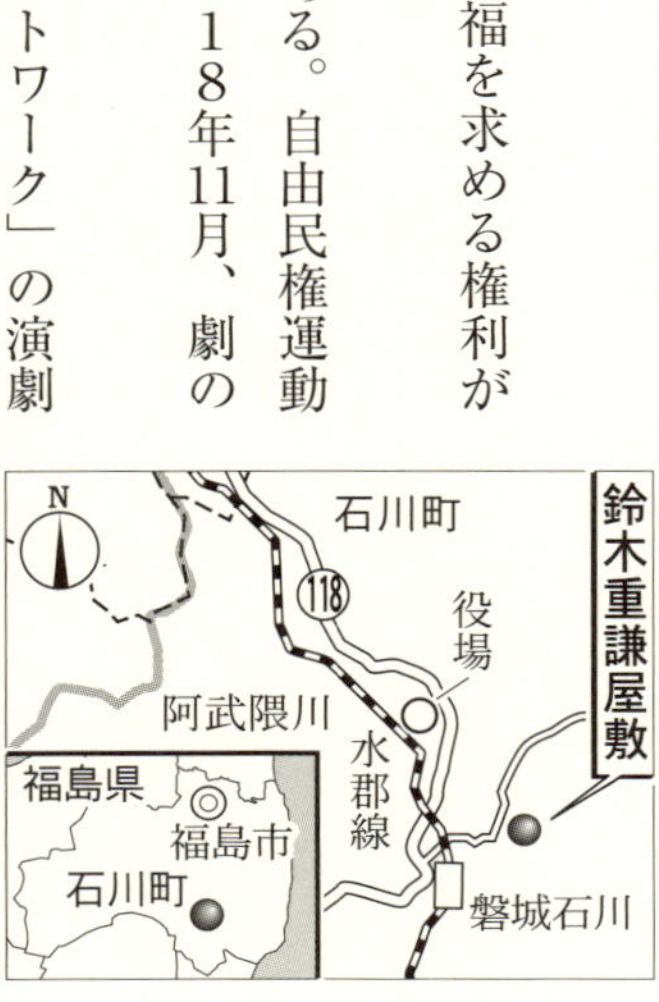

鈴木重謙屋敷で福島自由民権大学の研究会を開く
鈴木さん(左から3人目)と安住さん(同4人目)たち

「天福ノ島」。民権運動に対する弾圧と、原発事故を巡る福島の苦悩を交差させ、自由や人権の意味を問い掛けた。

同町は知る人ぞ知る「民権運動発祥の地」だ。西の板垣退助と並び称された東の河野広中は、石川区長に赴任して民権運動を始めた。重謙屋敷は河野が執務した区会所で、民権運動家の立会演説会場にもなった。

有志会議を開設

同町の民権運動結社「石陽社」の前身である有志会議は1875年に開設された。土佐（高知県）の立志社設立の1年後で、東日本で最も早かった。

石陽社員の中心は農民や神官で、士族中心の土佐と異なる。同町の郷土史研究団体「石陽史学会」前会長の小豆畑《あずはた》毅さん(77)は「封建時代の身分制度に

民権運動と原発事故を重ね、人権の意義を問い掛けた舞台

苦しんだ階層が民権思想を受け入れた。上からの啓蒙《けいもう》ではなかった」と説明する。

小豆畑さんは、石陽社員の多くが阿武隈川沿いに存在したことに注目する。「石川は農業に適した阿武隈川沿いの平野部から発展しており、識字率が高かったのだろう」と推測する。

民権運動研究の第一人者である安在邦夫早稲田大名誉教授（二本松市出身）はじめ、全国の研究者が参加する福島自由民権大学が1991年から活動する。

町在住の代表運営委員鈴木吉重さん(66)は原発事故当時、浪江高（浪江町）の校長だった。二本松、いわき両市にサテライト校を置いた同高だが、避難のため新入生は定員の半数だった。

「生徒は一生懸命、明るく振る舞っていた。仮校舎で肩身の狭い思いをさせ、申し訳なかった」と悔やむ鈴木さん。「地域共同体を破壊し、居住の権利を奪った原発事故は罪深い。今も責任が不明確だ」と憤る。

原発事故に翻弄された一人でもある鈴木さんは強調する。「日本の歴史上、人権への目覚めに結び付いたのが民権運動だ。災害を通じて人権の大切さを痛感した福島で、民権運動を再考する意義は大きい」

自由民権運動　１８７４年の民撰《みんせん》議院設立の建白書の提出を機に、国会開設や憲法制定などを求めた政治運動。各地の民権運動家らが民主的な憲法草案を作ったが、天皇を元首とする大日本帝国憲法が89年に発布された。福島県令の三島通庸《みちつね》は82年の福島事件で民権運動家らを弾圧した。

安積開拓

殖産興業のモデルに

「民力を養うは民産を殖するにあり、民産を殖するは東北地方にあり」

近代の東北開発を象徴するような文言は、明治時代の安積開拓の一翼を担った久留米開墾社の結社大意だ。久留米藩（福岡県久留米市）は、安積の一部が旧領だった二本松藩を除き、全国の士族による開墾の先駆

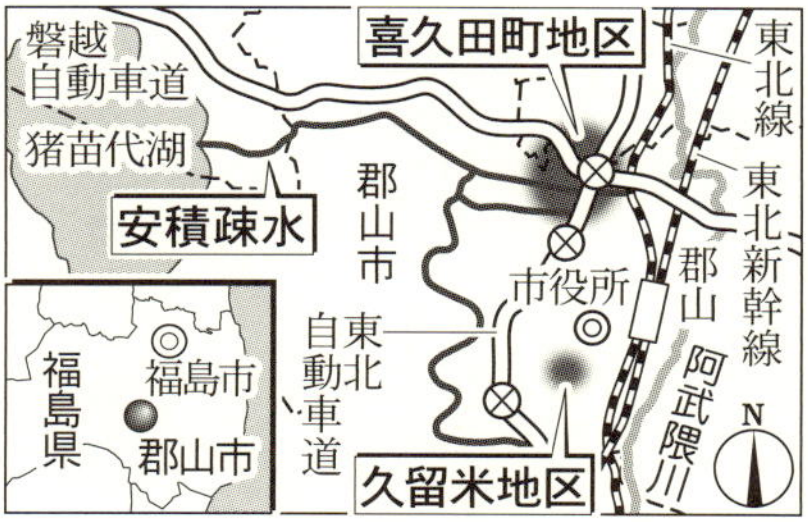

稲の出来を確かめる近藤さん。安積疏水が
農地を潤す＝2018 年 9 月、郡山市喜久田町

けだった。規模も最大の１４１戸が移住した。

地名になっている郡山市久留米地区では、着物の切れ端を使った久留米伝来の「押し絵」を公民館のクラブで制作したり、久留米市にある水天宮の総本宮の舟太鼓を児童が習ったりと、ゆかりの活動が続く。

士族が取り組む

子孫による久留米開墾報徳会理事長の中島武さん(69)は「冷害や磐梯山の噴火もあり、開墾は苦しかった。貧しく助け合っていた。地域のまとまりは今も強い方だと思う」と、先祖の労苦をしのぶ。

阿武隈川の水が使えず、原野だった安積の開拓は、殖産興業と、明治維新で禄《ろく》を失った士族授産のモデル事業だった。入植者のよりどころ

着物の切れ端を使った久留米伝来の押し絵＝郡山市の久留米開墾資料館

として、伊勢神宮を分祀《ぶんし》して開成山大神宮が創建された。物心両面での国家プロジェクトだった。

安積疏水の受益面積は現在約８６００ヘクタール《タル》で、郡山市内は約６０００ヘクタール《タル》。同市の農地の半分超を占める。

疏水で郡山発展

２０１８年９月の出来秋、鳥取藩が入植した同市喜久田町地区を訪れた。開拓４世代目で、安積野開拓顕彰会長を務めた近藤源治さん＝２０１９年１月死去、当時(77)＝は生前、「農業ができ、郡山が発展したのは安積疏水のおかげだ」と語ってくれた。

鳥取藩は倒幕側だったが、薩長の明治政府内で厚遇されなかった。祖父の結婚相手は、戊辰戦争で負けた二本松藩関係者。近藤さんは戊辰戦争の勝者、敗者双方の心情を理解していた。

「各地の人が集まった郡山は競争が激しいが、他人の考えを受け入れる土壌もある。旺盛な開拓精神が郡山の原動力だ」。胸を張った近藤さんの姿が浮かぶ。

安積開拓をはじめ、東北は近代日本の国策のフロンティアとなる。大久保利通が設定した起業公債対象事業には野蒜《のびる》築港（東松島市）、現在の国道48号に当たる宮城・山形道路開削など東北の事業が並んだ。

東北重視の姿勢について、元日大工学部教授の矢部洋三さん(71)は「東北は西日本に比べて未開発地が多く、投資効果が高かった。ロシアの脅威に備え、北海道と東京を連結させる必要もあった。東北を政府の中に組み込む意図があった」と分析する。

安積開拓　福島県と地元商人による「開成社」が1873年に着手。大久保利通が国家事業に位置付け、79年に認可された。9藩500戸が入植。猪苗代湖の水を引く安積疎水は、野蒜築港に当たったオランダ人技師ファン・ドールンが設計、82年に通水。当初の延長約130㌔、現在は約470㌔。

振興政策

農民救済　置き去りに

福島市飯野町と二本松市の境の阿武隈川に、高さ21・5メートル、長さ133・3メートルの壮観な蓬莱ダムがまたがる。ダムの水力を利用する約６キロ下流の東北電力蓬莱発電所（出力３万８５００キロワット）は１９３８年の完成当時、東北最大の発電所だった。

昭和初期、東北は冷害に悩まされた。特に34年の凶作は深刻で、娘が身売りされるなど悲惨だった。国の東北振興政策で、東北興業と東北振興電力が設立された。東北振電は、東北の産業発展のため安価な電力の供給が目的。発電所第１号が蓬莱で、戦後に東北電に引き継がれた。

東北振興政策に詳しい仙台市の歴史研究者一戸富士雄さん(88)は「蓬莱発電所を要として、東北の送電線網が確立された」と位置付ける。

送電線網を確立

37年の日中戦争勃発で、生産力増強のため電源開発が急がれた。東北

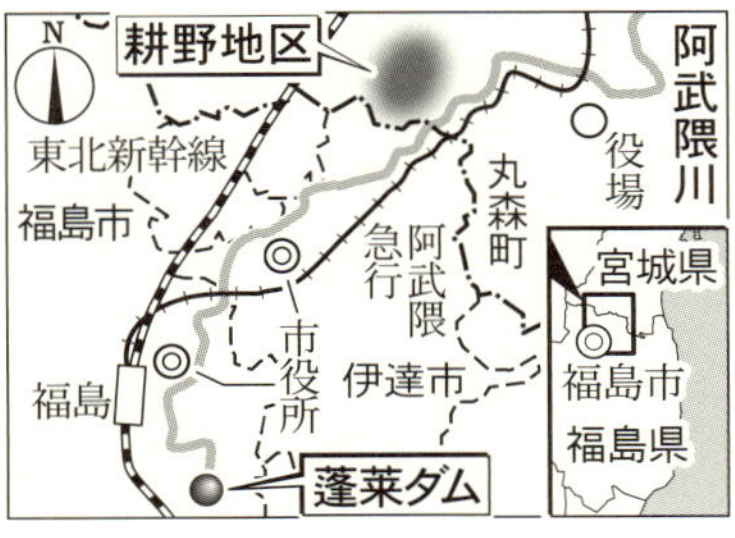

阿武隈川をせき止める蓬莱ダム。東北振興政策の一環で建設された

振電も発電能力を拡充、経営は順調だった。だが、戦争の進展で、電源開発を一元化した日本発送電に吸収された。

一方の東北興業は農民に提供する肥料製造に取り組んだが、失敗。大砲生産や造船など軍需企業への投資に変質した。

一戸さんは「農民救済の目的は追いやられ、軍需品の生産基地と化した」と指摘。「地主制が強く、貧農が多かった東北は、低賃金の労働力を軍需産業に供給した。その構造は戦後まで変わらなかった」と嘆く。

満州に分村建設

凶作と恐慌が前後して起き、農村に追い打ちを掛けた。繭代暴落で養蚕地帯の福島県北地域は苦境に陥り、ハワイなどへの移民が増加。日系移民は真珠湾攻撃で差別を受け、名誉回復のため、ナチスドイツとの戦線に志願した2世も少なくなかった。

国が農村対策として進めたのが、旧満州（中国東北部）の開拓移民だ。

山が迫り、耕地が少ない阿武隈川沿いの耕野村（宮城県丸森町耕野）は満州に分村を建設した。

満州を知る人が宮城県丸森町内に生存する。佐藤三吉さん(88)は45年3月、14歳で「満蒙開拓青少年義勇軍」に参加し、敗戦で旧ソ連軍により抑留された。

小作農家の10人きょうだいの三男だった佐藤さん。1反（10アール）当たり5、6俵の収穫のうち小作料は3俵半だったという。佐藤さんは「土地が広い満州なら食べ物の心配がないだろうと、親は喜んで送り出した。農家の次男、三男にとって軍人が一番良い飯の種だった」と回想する。

栄養不足で餓死した仲間を今も忘れられない佐藤さんは、怒りを込める。「庶民の生活向上に努めるより、戦争に大金を費やした国は、農奴を容認していたようなものだ」

満州に渡り、旧ソ連軍に抑留された佐藤さん

東北振興政策　岡田啓介内閣が1934年、諮問機関の東北振興調査会を設置。答申に基づき、36年に「東北興業」「東北振興電力」の2社が設立され、配当に対する政府保証など優遇措置を受けた。東北振興総合計画は国防に資するよう位置付けられた。

飛行場

不毛の地で特攻訓練

福島県矢吹町の広大な農地に、米軍の空襲でできた穴に水がたまった「爆弾池」がある。のどかな農村が爆撃を受けたのは、陸軍矢吹飛行場があったからだ。池はほとんどが埋め立てられたが、かつては無数にあり、爆弾の破片も見つかった。

町文化財保護審議会長の藤田正雄さん(85)は「台地の矢吹は阿武隈川の水が使えなかった。不毛の原野が多かったため、飛行場が誘致された」と解説する。

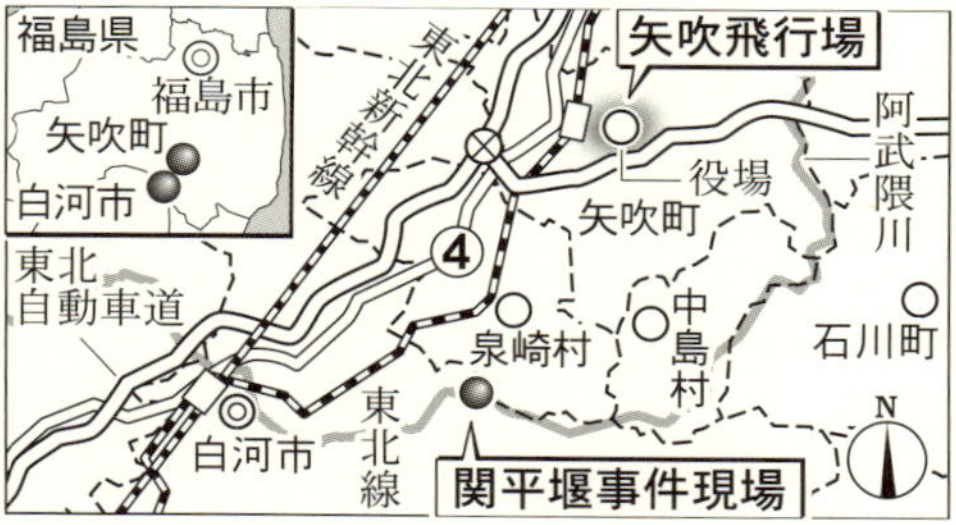

米軍の空襲でできた爆弾池を見詰める藤田さん(右)＝福島県矢吹町東郷

矢吹と飛行機の関わりは1928年、新聞社機が飛来したのが最初。第1次世界大戦で活躍した飛行機は新兵器として重視された。

軍人会など誘致

県が寄付を募って献納した陸軍の愛国福島号、海軍の報国福島号が次々と着陸した。着陸場所の草刈りをした有志や在郷軍人会が飛行場を誘致。37年に矢吹飛行場が開設された。

終戦前は特攻隊の訓練が行われた。20歳前後の訓練生12人が45年4月5日に矢吹をたち、特攻隊の拠点の知覧飛行場（鹿児島県南九州市）へ。同22日、沖縄沖で全員が戦死した。

知覧まで同乗した整備員に聞き取りをした藤田さんは「訓練は離陸だけで、着陸はどうでもよかったという」と語り継ぐ。

飛行場整備の裏返しともいえる多くの痩せた土地。町内の阿武隈川沿いに住む農業浅川光一さん（94）の家は戦前、農地がなかった。父は石切り場で働き、石くずを担いで阿武隈川に捨てた。田植えや稲刈りを手伝う「手間取り」もした。

浅川さんは製材工場で働き、44年に召集されて中国に行った。飯ごうを持った兵士は水筒がなく、水筒を持った兵士は飯ごうがなかった。「戦争だけはするものじゃない。戦争の大義を言う向きもあるが、侵略戦争以外の何物でもない」と振り返る。

農地解放でやっと土地を手にした浅川さんは「昔は水がなくて大変だった。小作人が多くて餓死者も出た」としみじみ語る。

矢吹に降り立った海軍の報国福島号
＝1934年10月28日（矢吹町教委提供）

水争い衝突寸前

近隣の水争いで知られるのが、冷害に見舞われた34年の「関平堰《せきひらせき》事件」。阿武隈川上流の白河市内に流域の農民が水を引くための堰を築こうとして、村々が衝突寸前になった。

矢吹に隣接する石川町の三森和典さん（91）は子どもの頃、

親たちがくわやおのを手に神社に集まったのを覚えている。

矢吹を空襲した米軍機も目撃した三森さん。低空飛行の操縦士の顔が見えた。家が機銃掃射を受け、明治天皇の御真影が吹き飛んだ。

三森さんは「水争いは農民にとって死活問題。話し合いで解決することが大事で、その点では戦争も同じだ」と戒める。

陸軍矢吹飛行場　現在の矢吹町役場周辺に整備され、東西１５００㍍、南北６００㍍の滑走路２本があった。陸軍熊谷飛行学校矢吹分校が置かれ、80～１００人の兵員がいたとされる。45年４～８月に米軍の空襲が約10回あった。

国家総動員

学徒ら空襲の犠牲に

親戚に手を引かれて逃げ惑いながら、芳賀池の周辺に転がる人々を見掛けた。後で遺体と知った。

保土谷化学郡山工場に近い郡山市芳賀地区。同社ＯＢで町内会長の佐藤幸男さん(78)は、１９４５年４月12日の郡山空襲をおぼろげに覚えている。

38年の国家総動員法で、民間工場の軍需転換が進められた。保土谷化学は飛行機の燃料添加剤「四エチル鉛」を製造した。ガソリンの供給が途絶える中、燃焼効率を高める添加剤は重要物資で、東久邇宮稔彦《ひがしくにのみやなるひこ》防衛総司令官も視察した。

標的は化学工場

工場は空襲の最大の標的となり、２０４人が亡くなった。学徒動員された白河高等女学校（現白河旭高）などの生徒30人も巻き込まれた。工場総務課長を務めた佐藤さんは、退職後も犠牲者の慰霊祭に参列する。

保土谷化学はじめ市内の主要工場は阿武隈川沿いに立地し、工業用水を利用する。佐藤さんは「化学工場は大量の水を必要とする。阿武隈川なくして、福島県中通りの工業地帯はあり得ない」と断言する。

工場の取水口がある横塚地区も爆撃され、22人が死亡した。２歳児もいたことが、常伝寺の慰

郡山空襲の犠牲者を追悼する慰霊碑。伊藤さんは戦争の記憶を語り継ぐことを誓う＝郡山市横塚の常伝寺

霊碑に刻まれている。精密な爆撃に「スパイがいた」とうわさされたという。

「平和のための郡山の戦争展」実行委員会の伊藤洋事務局長(77)は「米軍は航空撮影で工場の存在を把握した。日本と違って戦略的に戦争した」と指摘。「再び戦争の時代が来ることを懸念する。郡山空襲も忘れられつつあるが、記憶を伝え続ける」と誓う。

地下で部品製造

阿武隈川近くにそびえる福島市のシンボル、信夫山。かつての鉱山跡に中島飛行機が疎開、地下工場で飛行機の部品を生産した。

福島電気工業学校（現松韻学園福島高）の生徒だった同市の武藤美昭さん(89)は地下工場に動員された。坑内で使われた削岩のみを交換し、新しいのみを搬入した。「坑内は朝鮮人労働者が掘っていた」と証言す

学徒が動員され、飛行機の部品が生産された信夫山地下工場入り口

る。

8月15日朝も作業に行ったが、監督に「今日重大な放送がある」と言われた。玉音放送は直接聞かなかったが、敗戦を伝えられた。

福島高等女学校（現橘高）の生徒は、山を掘った跡に木の葉をかぶせて隠す作業をした。女学生は「何かされたら阿武隈川に飛び込む」と悲壮感を漂わせた。

総動員体制下の軍国主義教育で、武藤さんは「いつか神風が吹く」と信じ、少年飛行兵に志願したこともある。武藤さんは「世界に紛争が絶えないが、理由はどうあれ、二度と戦争をしてはいけない」と訴えた。

郡山空襲　工場の集積を生かし陸海軍部隊を誘致した郡山は、1944年に軍都に指定された。45年4月12日、7月29日、8月10日の3回、米軍の空襲を受け、計534人が死亡した。7月の空襲は、原爆投下前の「予行練習」で模擬爆弾が落とされたとされる。

原爆開発

無謀な国策　甘さ共通

木立の間に岩石の露頭が見え、きらきら光る白雲母が散らばる。阿武隈山地の福島県石川町にある塩ノ平採掘場跡。旧日本陸軍が戦前、ウラン鉱を採掘した。

「大した道具がなく、スコップとつるはしで掘った。無我夢中で、原爆を作ろうとしていたとは知らなかった」

旧制石川中学（現学法石川高）の生徒で採掘に動員された前田邦輝さん(88)＝石川町在住＝が2018年8月6日、現場を案内しながら証言してくれた。

熱拡散法を模索

陸軍が極秘に進めた原爆開発「ニ号研究」。日本は制海権を奪われ、原爆の原料を国内で調達する必要に迫られていた。そこで、ウランの有望な採掘先と目されたのが同町だ。

学徒動員で従事したウラン採掘を語る前田さん（右）と橋本さん＝2018年8月6日、福島県石川町の塩ノ平採掘場跡

阿武隈山地は花こう岩帯で、町は巨晶花こう岩「ペグマタイト」が採れる日本有数の地域。そのペグマタイトに、放射性鉱物「サマルスキー石」が含まれる。

ただ、サマルスキー石に含まれるウラン鉱は約25％。その中に、核分裂を起こすウラン235は0・7％しかない。ウラン235の分離は四つの方法が考えられ、日本はガス化して濃縮する熱拡散方法を模索したが、実現できなかった。米国は全ての方法を試して成功した。

前田さんは「石川のウランで原爆が造れるとは、素人でも思えない。無謀な国策だった」と振り返る。

原発の不安的中

約30年前に東京電力福島第1原発を見学した

戦前の塩ノ平採掘場（石川町教委提供）

前田さん。廊下に転がる電線の束を見掛け、「電気が止まったら危ない」と直感で思った。不安が的中したかのような、津波で全電源が喪失した原発事故。甘い見通しや無謀さは、戦前に似通っている。

石川地方の鉱物と原爆開発を調べる町文化財保護審議会委員橋本悦雄さん（70）＝郡山市＝も「個々の石に希元素が含まれても、大量の鉱床資源にはなり得ない。国の命運をかけた兵器開発に向ける資力もなかった。精神論で勝てるはずがなかった」と指摘する。

学法石川高3年の考古学部長小豆畑《あずはた》翔《かける》さん（18）は、中学の修学旅行で広島市に行った。原爆ドームを見学し、原爆の恐ろしさを肌身で感じた。「日本が原爆を使って悲劇を起こさなくてよかった」と思う。

小豆畑さんの家は酪農を営む。原発事故のため、販売できない牛乳を大量廃棄した父親の背中が忘れられない。

「原爆も原発事故も、二度と被害を繰り返してはいけない」。小豆畑さんは進学して地域政策を学び、将来、地方創生に関わる仕事をしたいと希望する。

二号研究　旧陸軍航空本部が理化学研究所に依頼。戦況が悪化した1943年ごろから本格化したとされる。中心となった物理学者仁科芳雄博士の姓を取り、二号研究と呼ばれた。理研の飯盛里安博士が石川町に移住し、ウラン採掘を進めた。

コラム

耕野の満州開拓　「棄民」の悲劇物語る

阿武隈川の峡谷沿い、福島県境の宮城県丸森町耕野地区は、水田を開ける土地が少ない。そのため戦前、国策で旧満州（中国東北部）開拓が推奨されるに従い、村を挙げて移民を進め、開拓分村を勃利（現黒竜江省）に建設した。

耕野の満州開拓団長だった故谷津冬蔵さんの次男雄亮さん(84)が、母とともに生き残って満州から引き揚げ、丸森町内で農家を営む。シベリアに抑留された冬蔵さんも奇跡的に１９４８年、帰国できた。その冬蔵さんの遺稿を読ませていただいた。

終戦直前の8月9日、旧ソ連軍が参戦。冬蔵さんら青壮年の男性は関東軍に即時招集された。父と離れ離れになった雄亮さんたち家族は、途中の林口で爆撃に遭い、祖母が亡くなった。妹の一人は満州人に預けられ、消息は不明という。７人兄弟姉妹で帰国できたのは雄亮さんだけだった。冬蔵さんの原稿は「開拓団の悲劇がより以上大きかった原因の一つには、退避時の（幹部団員の）根こそぎ動員が挙げられるのではないか」と指摘する。

ソ連軍の捕虜となった冬蔵さんは行軍中、長男と偶然再会し、同行を許された。だが、いよいよ、収容所へ向かう冬蔵さんと長男の永遠の別れのときが来た。長男は下痢にかかり、山中を一人歩いていて他地域の開拓団員に救われたが、ついに亡くなったという。冬蔵さんは伐採の強制

耕野から満州に渡った谷津さん一家。前列左端が雄亮さん

労働に従事した。川向かいの山林での作業からの帰途、舟が転覆して川に投げ出され、溺死寸前になった。心臓を悪くした冬蔵さんは、帰国後も入退院を繰り返したという。

宮城県からは旧鹿島台町（大崎市鹿島台）の住民も満州に渡って耕野分村の隣に入植し、小学校は一緒だった。雄亮さんは1996年、鹿島台の引き揚げ者と一緒に満州を訪れた。現地で、稲穂に目を細める雄亮さんの写真が印象的だった。

農家にとって耕作の喜びはかけがえがない。冷害に悩まされ、貧しかった東北の農民の心情を利用し、揚げ句に移民を見捨てた満州開拓。「棄民」の国策の罪深さを痛感した。

第7部　文学

歌人

歌枕の地で震災詠む

みちのくの入り口の阿武隈川沿いは古来、歌や俳句、詩の題材として親しまれた。時に人生にもたとえられる川の流れは、詩情をかき立てる。豊かな文学を育んできた流域を散策した。

原発事故で一変

〈身をのばし鳴く白鳥の声ありき阿武隈川の親水公園〉

福島市出身の歌人駒田晶子さん(44)＝仙台市＝の第2歌集「光のひび」（2016年）所収の1首だ。

あぶくま親水公園は、みちのくの歌枕である信夫（福島市）の文知摺《もちずり》観音の麓、文知摺橋付近にある。冬は飛来したハクチョウに、家族連れがエサを与える憩いの場だ。

駒田さんは「故郷を思い出すとき、浮かぶのが信夫山や阿武隈川」と目を細める。東日本大震災と東京電力福島第1原発事故を経験し、「福

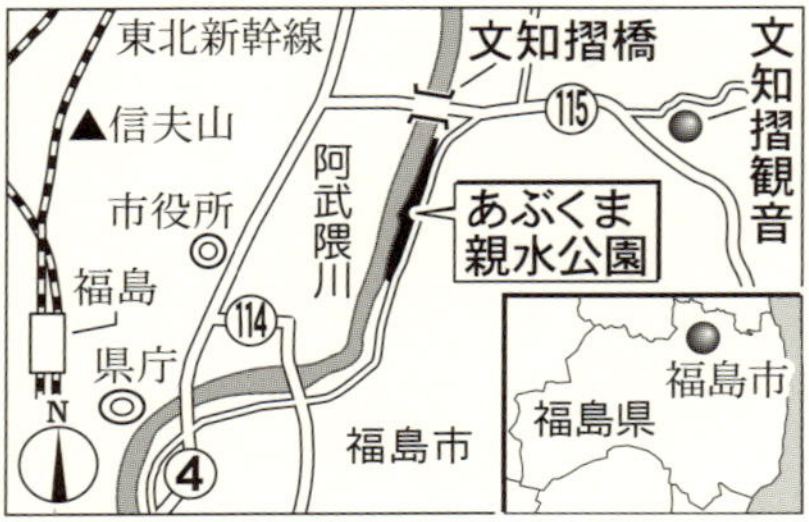

白鳥が羽を休めるあぶくま親水公園＝福島市岡部

島が自分にとっていかに大事なものだったかを知った」と振り返る。冒頭の歌も、そんな心境の中で生まれた。「田舎は出て行ってよいところ。そして、いつでも帰ってよい場所がふるさと」。そう思っていた駒田さん。ありふれた地方都市は原発事故で一変した。「庇護《ひご》すべき対象になり、『ふるさと』という言葉の質が変わってしまった」

当時、三女の出産のため仙台市で入院中だった。原発事故の情報が不足し、親が心配で気持ちが切迫した。

テレビのインタビューなどで「福島のために頑張りたい」と発言する子どもを見掛ける。だが、駒田さんは「うれしいと思う半面、痛々しさも感じる。子どもは大人の顔色をうかがう。大人が言わせる環境にしていないか」と戸惑う。

第1歌集「銀河の水」（09年）でイラク戦争をテーマにした歌も詠んだ駒田さん。「今は遠い問題ではなく、政治が直結している。無責任な歌は作れない」と口を結んだ。
阿武隈川は古く「逢隈川」と呼ばれ、「逢《あ》う」「逢瀬《おうせ》」に通じる歌枕だった。

〈人しれぬ恋路のはてやみちのくのあふくま河の渡りなるらん〉（藤原秀宗朝臣）

福島県内の歌碑を調べ歩いた県歌人会長の今野金哉さん（70）は「万葉集の時代は安達太良山が北限の山で、福島が歌枕の北限だった」と考える。

河原左大臣の和歌が刻まれた文知摺橋

後世への警鐘に

豊かだった風土は原発事故で、ネガティブなイメージが増幅された。
今野さんは16年、原発事故後の作品による歌集「セシウムの雨」を発表した。2代前の歌人会長佐藤祐禎さんは大熊町出身で、避難先のいわき市の仮設住宅で亡くなった。追悼の意も込め、原発事故の被害を歌を通して告発している。

〈線量の高きを知らざる白鳥のこの年も来て阿武隈に浮く〉

今野さんは「震災と原発事故を歌で記録する。記憶に残る文芸は、後世への警鐘になる」と信じる。

みちのくの歌枕　阿武隈川流域には信夫をはじめ、白河関（白河市）、安達が原（二本松市）、武隈（岩沼市）など随所に歌枕がある。文知摺橋の欄干の四方のたもとには、河原左大臣と伊勢物語の和歌、松尾芭蕉と正岡子規の俳句が刻まれている。

俳人

花を持たせる東北人

牡丹《ぼたん》は花をめでるだけではなかった。

折れた枝や古木を供養する須賀川市の「牡丹焚火《たきび》」は、冬の季語になっている。大正時代、須賀川牡丹園を訪れた俳人原石鼎《はらせきてい》を、園主の柳沼源太郎が牡丹をくべてもてなした。

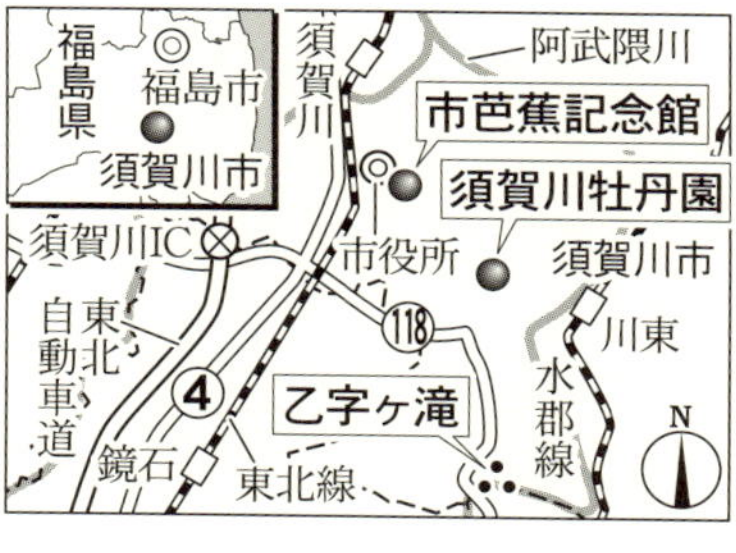

牡丹焚火の会場で句会も催される。主催する「桔槔吟社《きっこうぎんしゃ》」は国内屈指の結社で、原が柳沼たちに提案して１９２２年に発足した。

俳句のまち須賀川の源は松尾芭蕉にある。「とかくして（白河の関を）越行くままに、あふくま川を渡る」（おくのほそ道）。みちのく入りした芭蕉が訪ねたのが、同門の先輩格だった須賀川の俳人相楽等躬《さがらとうきゅう》だ。

冬の季語になっている牡丹焚火
＝2018 年 11 月、須賀川牡丹園

3巻の連句作る

等躬は芭蕉にみちのくで初めて詠んだ句を尋ねた。

〈風流の初やおくの田植えうた〉

芭蕉の句を発句に、河合曽良と3人で3巻の連句を作った。須賀川滞在は8日に及び、最後に阿武隈川の乙字ケ滝を訪れた。
〈五月雨の滝降りうづむ水かさ哉〉
等躬は江戸への物資を扱う総合商社を営んだ。須賀川は有数の商業都市。白河藩領だったが、自治が認められていた。自治都市は当時、須賀川と堺（大阪府）だけだった。

須賀川市のまちづくりＮＰＯ法人「チャチャチャ21」の高久田稔理事長(80)は「経済界トップの等躬は懐の深い人物だった。俳諧のたしなみは人脈を広げ、商売や人物観察に役立っただろう」と想像する。

芭蕉が句を詠んだ乙字ケ滝

「伝統しみじみ」

ＮＰＯ法人は２０１８年、芭蕉ゆかりの市内10カ所に道しるべを設置。芭蕉が歩いた道をたどる会も開いた。

「等躬から続く伝統をしみじみ感じる」と語るのは桔槹吟社副会長の江藤文子さん(71)。17年の福島県文学賞を受けた。須賀川は等躬以後、小林一茶と交流があった女流俳人市原多代女《たよじょ》らを輩出した。

江藤さんは約15年前から市内の小学校で俳句を指導。吟社の月刊の俳誌で、子どもの投句コーナーを編集する。「地域の文化を後世に伝えたい」と張り切る。

三十六歌仙で、和紙を折った初折りの裏の11句目を「花の定座」という。客人にここを詠ませるのが「花を持たせる」の語源だ。

市芭蕉記念館専門員の高橋亜純さん(50)は「等躬の号は身分に関係なく俳諧を楽しむ思いを込めた。人を立て、寄り添うもてなしをする等躬が、みちのくの玄関口で芭蕉を迎えたことは意義深い」と語る。

人に花を持たせる東北人の立ち居振る舞いは、時代が移っても変わらない。

相楽等躬 1638～1715年。白河藩須賀川代官に連なる家系に生まれ、問屋を経営。現在の市長に相当する駅長職にもあったとされる。俳諧中興の祖である松永貞徳の門人に師事、松尾芭蕉と同門になる。奥羽俳壇の中心だったいわき市の岩城平藩主内藤風虎らと親交があった。

詩人（上）新しい女育んだ山河

あれが阿多多羅山、
あの光るのが阿武隈川。
あまりに有名な「智恵子抄」の「樹下の二人」。「ほんとの空」の下、二本松市を歩くと、高村智恵子が夫の光太郎を、喜々として故郷を案内した姿が目に浮かぶようだ。
酒造業の実家が破産し、統合失調症を発症した智恵子。美しい詩はかえって、智恵子の悲劇を浮き彫りにする。光太郎は後に、「智恵子抄は徹頭徹尾くるしく悲しい詩集であった」と述懐している。

朗読大会を開催

精神を病んだ智恵子は、地元ではタブーだった。智恵子没後50年の１９８８年、同市の理容業熊谷健一さん(68)が旧安達町商工会青年部で記念事業を企画。「智恵子のふるさと」のまちづく

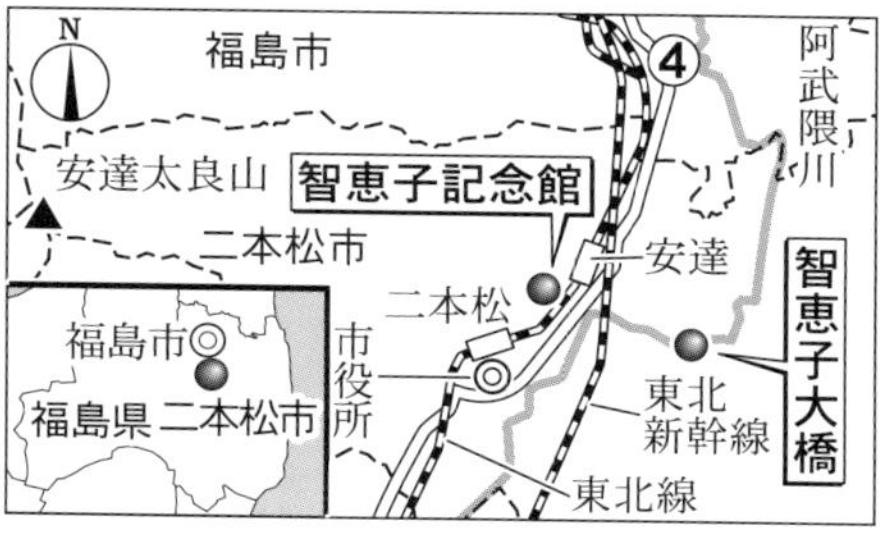

智恵子が愛した安達太良山と阿武隈川＝二本松市の智恵子大橋から

りの一歩になった。
熊谷さんは「智恵子のまち夢くらぶ」を結成し、講座や行事を開催。没後80年の2018年は智恵子抄朗読大会を開いた。
熊谷さんは「完璧な人間はいない。葛藤を乗り越え、美と愛に生きた智恵子と光太郎の生き方が人々の胸に迫る」と魅力を語る。
芸術と恋愛に生きた智恵子は「新しい女」の一人だった。高校時代から智恵子抄を熟読する同市の詩人木戸多美子さん(60)は「画家を目指す女性はいなかった。おとなしく見えて、内に激しい情熱を秘めた人だった」と敬意を込める。

愛テーマに詩作

智恵子が光太郎を追って訪れた上高地（長野県）で2人は婚約した。光太郎が結婚後初めて、愛をテーマに妻に贈った詩が、詩集「道程」所収の「山」だ。

「無窮」の力をたたへろ
「無窮」の生命をたたへろ
私は山だ
私は空だ

木戸さんは「光太郎には自然と一体化する表現が多いが、それは智恵子との出会いがもたらした。東京育ちの光太郎が、深く広い福島の自然を喜んだ」と解釈する。「樹下の二人」に、生命の循環や、山から流れた水が大河を形成するイメージを読み取るという。

27歳の智恵子。1912年6月の読売新聞に掲載され、「新婦人」10月号の口絵にもなった（二本松市教委提供）

山を愛する人は、克己、自立といった近代的価値観と人生観を投影する人が少なくない。詩に彫刻に、芸術家として山のような存在である光太郎。では、智恵子は奔流と言うべきか。

智恵子に、雑誌のアンケートに答えたこんな遺文がある。「生命と生命に湧き溢《あふ》れる浄清な力と心酔の経験、盛夏のようなこの幸福、凡《すべ》ては天然の恩寵《おんちょう》です」
智恵子は、安達太良山と阿武隈川に育まれた。

高村智恵子　1886～1938年。旧姓長沼。日本女子大に進学、洋画家を志す。平塚らいてうの雑誌「青鞜」創刊号の表紙絵を描く。光太郎との夫婦生活は自由恋愛を貫き、入籍は智恵子の死の5年前。統合失調症を発症後、紙絵を制作した。

詩人（下）

子どもの言葉　爽やか

わたしは耳をすませて風の音を聞いた
いねがゆれる音
風の音はまるで波の音
「緑の海だね」
わたしはお母さんに言った

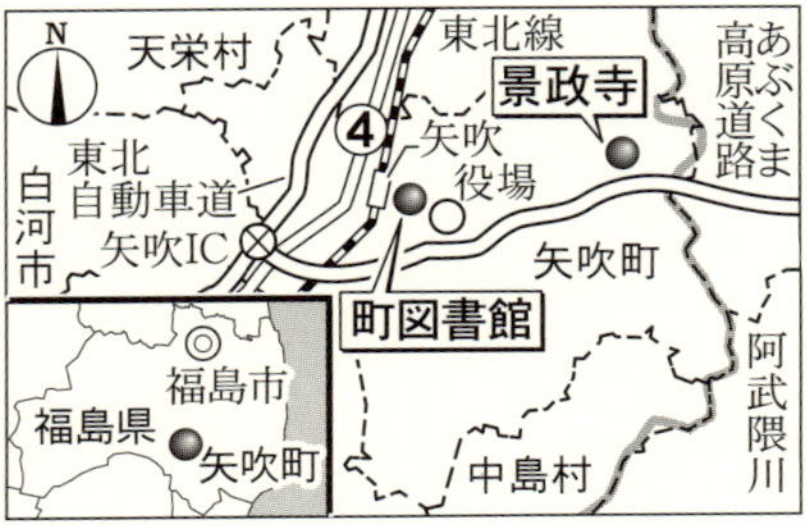

日本三大開拓地の福島県矢吹町は毎年、町内の児童生徒の作品による「さわやか詩集」を発行する。町出身の詩人、大滝清雄が１９８９年、町図書館の開館に合わせて蔵書を寄贈、大滝清雄文庫が開設されたのを機に始まった。

矢吹の自然題材

30年の節目の２０１８年度の大賞「大滝清雄賞」（小学生の部）に選ばれたのが、冒頭に紹介した善郷小４年藤田唯愛《いちか》さん⑽の「緑の海」だ。藤田さんは「矢吹は自然がいっぱい。想像したことを自由に書ける詩は楽しい」と喜ぶ。

18年度は町内小中学生の96％に当たる１２９７点が寄せられた。町挙げての文芸活動

さわやか詩集の表彰式で、入賞作品を朗読する児童
＝2019年１月27日、福島県矢吹町文化センター

で、全作品の掲載も特徴だ。

長年の活動に、日本詩人クラブは19年度、「詩界功労顕彰」を贈った。顕彰は詩の普及啓発に貢献した取り組みに光を当てるもので、同年度創設。町図書館が第1号となった。

川端康成に師事し、現代詩人として活躍した大滝。故郷の自然を題材にした詩は多い。

かがやく大地を見つめていると
大地から生れたのだと思いたい。
澄みとおった空を見つめていると
空から生れたのだと思いたい。

大滝の初期の詩「風」は、藤田さんの作品に呼応するようだ。

詩集審査委員長の菅野昌和さん(81)は、矢吹中の

大滝清雄の自筆原稿や詩集

国語教師だった大滝の薫陶を受けた。「褒め上手で、その気になった」と語る。

震災支援恩返し

同町三神地区の景政寺に生まれた大滝の声は朗朗として、詩を読むと廊下に生徒が集まった。菅野さんが高校で同級生と創刊した文芸同人誌「の」は今も続く。文学が生涯の趣味だ。

菅野さんの父は常磐炭鉱の坑夫で、終戦の年の10月に矢吹開拓に入植した。父は出稼ぎ、菅野さんも17歳でトンネルの掘削現場に出た。酪農を営むようになって生活が安定した。30年前に肉牛に転換し、ピーク時は１００頭飼った。

だが、東京電力福島第1原発事故の風評被害と病気が重なり、17年に廃業した。「最後の牛に手を振って別れた。核エネルギーの平和利用なんて、あり得ない」と指摘する。

さわやか詩集も近年、東日本大震災をテーマにした作品が少なくない。

「感謝」と題した作品で、17年度の大滝清雄賞だった矢吹中1年柏村玲帆さん(13)は「震災7年で気持ちが薄れてきた。大事な経験を心に残したかった」と言う。

18年度の大滝清雄賞（中学生の部）の矢吹中3年橋本綺羅さん(15)の「災害から見えたもの」は、震災支援の恩返しを込めた。

辛い時こそ
苦しい時こそ
大変な時こそ
助けあう精神
たくさんのことを学ばされた

大滝清雄　1914～98年。中国戦線に従軍し、戦闘で負傷。戦友の霊にささげる「黄風抄」（1942年）が日本詩壇詩集賞を受賞した。「ラインの神話」（82年）で日本詩人クラブ賞。日本現代詩人会先達詩人に顕彰された。栃木県足利市で死去。

コラム

逢隈川　時代超える恋の歌枕

阿武隈川は逢隈《おおくま》川とも呼ばれ、「逢う」「逢瀬」に通じることから、みちのくの歌枕として恋の和歌が詠まれた。

角田市と宮城県柴田町槻木間の「小山の渡し」の場所に1995年完成した槻木大橋は777《メートル》あり、歩道のタイルと欄干に計11首の歌が刻まれている。

小山の渡し跡の記念碑に、鎌倉時代の公家、藤原実泰の阿武隈川の渡し舟の歌が刻まれている。

〈君が代にあぶくま河の渡し舟むかしの夢のためしともがな〉（続後拾遺和歌集）

阿武隈川をモチーフにした恋歌が古来、多く詠まれた。

〈あぶくまに霧たちくもりあけぬとも君をばやらじ待てばすべなし〉（古今集　詠み人知らず）

新古今和歌集、小倉百人一首の選者である藤原定家も阿武隈川を詠んでいる。

〈立こもるあふくま河の霧のまに秋をはやらぬ関もすへなん〉（建保名所百首）

阿武隈川を詠んだ和歌がかかる槻木大橋

女房36歌仙の一人、藤原俊成女の歌も良い。

〈空清き雲井の秋の萬代にあふくま河のなみの月かけ〉　（同）

若山牧水、島木赤彦、斎藤茂吉ら著名な歌人も阿武隈川を取り上げた。与謝野晶子もその一人。

〈なでしこや阿武隈川の石原に　鮎なますすと氷くだきぬ〉

日露戦争に従軍した弟に「君死にたまふことなかれ」と歌い、妻がいた鉄幹と燃える恋愛により結ばれた晶子。世間の無理解を乗り越えて女性の自立の道を切り開いた足跡は、大河のようだ。

第8部　水辺で

交流

源流と河口　学び合う

人の暮らしは長らく、川の恩恵にあずかるところが多大だった。現代では少し遠くなったようだが、川は人生の折節に、憩いと潤いをもたらしてくれる場でもある。水辺に親しんで生きる阿武隈川流域の人々の思いに触れた。

川縁に相互訪問

那須甲子連峰を望み、緑の遊歩道を抜け、はしごを下りて河原に出る。澄んだ青い水。「一休みの滝」の水しぶき。爽やかな渓谷に歓声が響き渡る。

福島県西郷村の阿武隈川源流で2018年6月、地元の同村川谷小の5、6年生5人と、河口の宮城県亘理町荒浜小5年生18人が一緒に水遊びを楽しんだ。

川を縁に、両校は2000年から交流する。18年9月には川谷小3～6

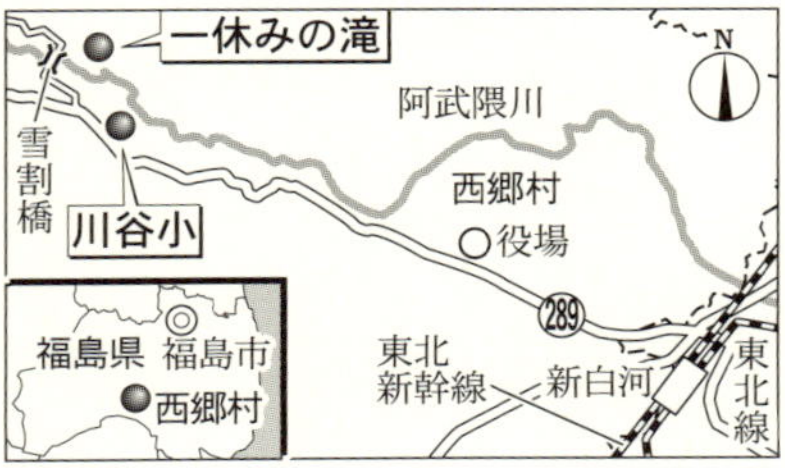

年生19人が荒浜を訪れ、はらこ飯作りを体験。釣り船にも乗り、鳥の海を周遊した。川谷小５年嶋田渚さん(11)は「海でカモメに餌をやったのが楽しかった。荒浜の友達はフレンドリーで優しい」とほほ笑んだ。

川谷の開拓は終戦直後に始まり、酪農が盛んに営まれた。川谷小の最初の児童だった嶋田さんの祖父母も酪農家だった。

阿武隈川源流で水遊びを楽しむ川谷小と荒浜小の児童たち＝2018年６月、福島県西郷村

３代目の酪農業須藤政美さん(57)が、交流当初から源流を案内する。熊撃ちをする須藤さんが体験談を披露しながら熊の毛皮を触らせると、荒浜の児童が目を輝かせた。

須藤さんは「子ども同士が海と山で互いに違った自然環境を、新鮮に感じている。自然の中でたくましく育っていく」と喜ぶ。

最適の情操教育

荒浜小5年真壁ののはさん(11)も「西郷は初めて行ったけれど、阿武隈川でつながっていると知った。水がきれいで、空気がおいしかった」と笑顔で話す。

真壁さんは東日本大震災の津波のときに建物の屋上に避難し、2日後にヘリコプターで救助された。「人が戻ってきて、にぎやかなまちになってほしい。将来は保育士か幼稚園の先生になりたい」と夢を描く。

はらこ飯作りでサケを解体した荒浜の岡崎由紀子さん(75)は「西郷の子は丸々一本のサケを初めて見て、驚いていた。食べることは生きること。命の尊さを感じてほしい」と願う。

船上でカモメに餌をやる児童たち
＝2018年9月、宮城県亘理町荒浜

津波で自宅の1階が浸水した岡崎さん。夫は震災直後から区長を務め、集会所再建に精魂を傾け、15年に74歳で亡くなった。

震災の語り部ボランティアも務める岡崎さんは「地域の人口が減り、子どもはかけがえのない存在。見守り続けたい」と話す。

交流を始めた時の荒浜小校長だった千葉宗久さん(69)＝岩沼市＝は「現代は川の記憶が希薄になったが、人の流れと文化は川でつながっていた。自然に生かされてきたことを感じ取る力が、これからの人間に必要。情操教育の場として川は最適だ」と考える。

川谷の開拓　農業教育家加藤完治が復員軍人らの帰農を目的に、旧陸軍軍馬補給部の軍用地の開拓を計画。加藤が所長を務めた、旧満州（中国東北部）開拓移民のリーダー養成機関「満蒙開拓指導員養成所」の教え子らが１９４５年10月に入植して始まった。

河川敷

祭りや滑空場に活用

角田市を流れる阿武隈川東岸の河川敷約３・２ヘクタール《ヘクタール》に２５０万本が咲き競う「かくだ菜の花まつり」。毎年４月下旬に行われる角田の春の風物詩だ。

国と市、観光団体が河川敷を有効活用しようと１９９７年に始めた。地元の風呂青年会が中核

阿武隈川河川敷の菜の花畑でポニーに乗る子ども＝2018年4月、角田市

を担う。秋に菜の花の種をまき、花が散った後に3回、トラクターですき込む。佐藤竜治会長(43)は「会員10人とOBで手分けして作業する。青年会のメインイベントだ」と胸を張る。

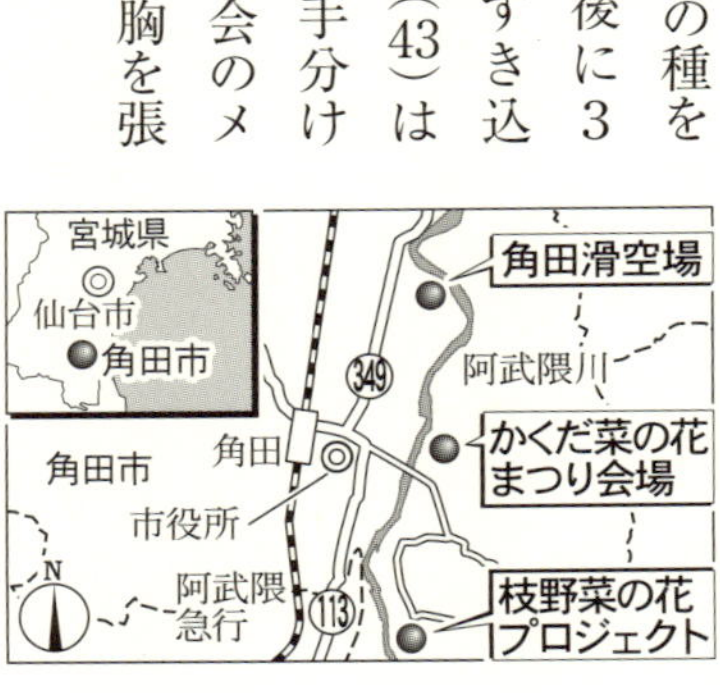

環境教育に有効

米と大豆の生産農家の佐藤さんは、阿武隈川の水を耕作に利用する。「昨年は秋に台風が来て表土が流され、花がまばらになった。今年はちゃんと咲いていてほしい」。2019年のまつりを前にこう話した。

約3キロ上流の枝野地区では菜の花プロジェクト

角田滑空場を飛び立つグライダー

を展開。耕作放棄地だった河川敷の約７ヘクタールに菜の花を植え、菜種油を生産している。

循環型社会を目指す全国運動に共感した市内のエコショップが、２００６年に始めた。地元の枝野７区資源保全隊が継承している。

当初から中心になって取り組む前隊長の高橋達征さん(76)は「児童が種まきや刈り取りに参加してくれ、環境教育につながっている。次世代につなげたい」と目を細める。

宇宙ともマッチ

佐倉地区の河川敷にある角田滑空場から、グライダーがぐんぐん飛翔《ひしょう》する。

市内のグライダーパイロット斎藤岳志さん(46)は「グライダー飛行にとって、角田は世界的にも恵まれた場所」と力説する。蔵王連峰からの西風と、太平洋から阿武隈山地に吹く海風がぶつかり、「山岳波」と呼ばれる良い上昇気流が生まれるのだ。
斎藤さんは15年5月、角田発着で750キロ飛行し、日本・アジア記録を樹立した。「滑空場は長くて広い空間が必要。阿武隈川がなければ、角田でグライダーはできない」と感謝する。

斎藤さんがもう一つ感謝するのが、地域の支援だ。滑空場は市商工会青年部が中心になって誘致した。かつてグライダーによるまちおこしイベントも行われ、エアレース世界選手権に参戦する室屋義秀さん（福島市）が参加したこともある。

推進役の市商工会副会長で、市民団体「スカイネット角田」代表理事の佐藤忠義さん(57)は「角田には宇宙航空研究開発機構（ＪＡＸＡ）のロケット関連施設があり、宇宙とグライダーはよい組み合わせ。子どもに夢を与えられるまちづくりの資源だ」と語る。

角田には脈々と、河川敷を生かすべく知恵を絞ってきた伝統がある。

角田滑空場　滑走路は1000メートル。宮城県航空協会が河川法に基づく河川敷の占用許可手続きを行い、1999年から使用。角田市の総合型地域スポーツクラブ「スポーツコミュニケーション・かくだ」などの主催で小中学生向けグライダー教室を開いている。

親水公園

歌い継ぐ水害の記憶

「水清き広瀬川よ　緑の野を横切り　桃や桜の香を運び　母なる阿武隈に注ぐ」

伊達市梁川町中心部を流れる阿武隈川支流の広瀬川親水公園。２０１８年８月12日、精霊流しの灯籠が彩る真夏の夜の水辺に歌が響き渡った。地元の合唱団や梁川交響吹奏楽団などの計約２００人がハーモニーを奏でるオラトリオ「水のほほえみ」だ。

梁川は１９８６年の８・５豪雨に見舞われ、災害復旧で95年に親水公園が整備された。水辺を舞台に、水害の記憶の伝承と自然との共生をテーマにしたオラトリオの上演が始まった。

災害超え未来へ

初演からバリトン独唱を務める元梁川中教諭の村上亮さん(62)は「災害を語り継ぐとともに、地域に誇りを感じられる文化活動になっている」と自負する。

川辺に歌声が響く「水のほほえみ」の舞台
＝2018年8月、伊達市梁川町の広瀬川親水公園

村上さんは8・5豪雨時、梁川中央交流館で吹奏楽部の練習中で楽器をステージに避難させた。祖父が豆腐製造を始めた実家は、広瀬川沿いだった。旧広瀬橋の上を水が流れるほどの豪雨で、家は無事だったが、隣にあった芝居小屋「旧広瀬座」は浸水した。

それでも村上さんは「梁川は広瀬川と切り離せない。水に親しむまちの未来への思いが、オラトリオに込められている」と語る。

親子3人で出演

梁川交響吹奏楽団副団長の佐藤敦子さん(46)は村上さんの吹奏楽部の教え子で、当時梁川中2年だった。消防団員の父が逃げ遅れたお年寄りを背負って救出したり、友人の家の1階が浸水してピアノの上に冷蔵庫が乗っていたりと、

広瀬川を彩る精霊流しの灯籠

生々しく水害を記憶する。

佐藤さんは高校2年の長女桃子さん(17)、中学3年の次女楓子さん(15)の親子3人でオラトリオに出演する。「作品を通し洪水が話題になる」と言う。

河原は子どもの頃の遊び場で、小学生だった84年には絶滅した哺乳類「パレオパラドキシア」のほぼ全身の骨格の化石が出土し、話題になった。

佐藤さんは「川を遠ざけるのでなく、身近にしてくれるオラトリオを受け継ぎたい」と誓う。

市梁川総合支所長の桃井浩之さん(57)は当時、合併前の梁川町建設課職員だった。阿武隈川と広瀬川の合流地点に現場確認に行き、「茶色の海」に恐怖した。阿武隈川対岸から梁川を見た同僚は、梁川が水没したと思ったという。

水害で甚大な被害を受けた梁川。だが、桃井さんの思いは変わらない。「広瀬川は梁川の安らぎであり憩いの場。川と生きるまちは変わらない」

8・5豪雨　阿武隈川流域の戦後最大級の洪水で、伊達市梁川町地区では広瀬川の堤防2カ所が決壊、床上浸水など479戸、避難者は1303人に上った。国の激甚災害対策特別緊急事業を受け、広瀬川の川幅を2倍に拡幅、広瀬橋など五つの橋を架け替えた。

清流

水質日本一　古里の宝

吾妻小富士に雪うさぎが浮かぶと、福島市に春が訪れる。

吾妻連峰に源を発する阿武隈川支流の荒川は、２０１７年調査まで８年連続で「水質が最も良好な河川」と判定された。東京電力福島第１原発事故にかかわらず、清流であり続ける。

住民らの河川愛護団体「ふるさとの川・荒川づくり協議会」は１９９８年の設立以来、年２～４回、清掃活動を実施。昨年の参加者は約１５００人を数えた。

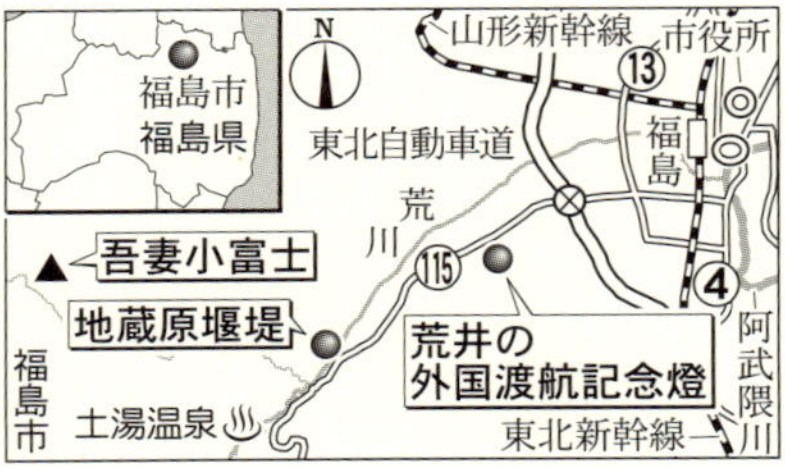

きれいな水質を守り続ける荒川

協議会の高橋一夫事務局長(72)は「荒川にはごみ一つ落ちていない。市民に親しみやすい川づくりに努めてきた」と胸を張る。活動が評価され、第21回（２０１９年）日本水大賞の環境大臣賞に選ばれた。

暴れ川との闘い

流域の農地約１７８０㌶を潤す恵みの川だ。野菜と米の生産農家の鈴木信良副会長(63)は「用水堰《ぜき》で使った水を荒川に戻さないため、下流でもきれいな水を利用できる」と感謝する。

ただ、急傾斜地の上流から扇状地に流れ込む地形で、土石流が多く、名にし負う暴れ川だった。

独特なのが、ところどころで切れている江戸時代の堤防「霞《かすみ》堤」。川の流れに対し斜めに築かれ、水勢を弱めて流す知恵だ。全体として、霞が

大正時代に築かれ、国登録有形文化財となっている地蔵原堰堤

たなびくさまに見えることから名が付いた。流域に約40カ所が残る。

治水事業は近代も営々と続いた。1925年に完成した地蔵原堰堤《えんてい》は国登録有形文化財だ。土湯地区では土砂ダムや、のり面の崩落防止など治山も徹底した。

「川との闘い」の証しが、まだある。荒井地区にある外国渡航記念燈《とう》は1917年、ハワイ、ブラジル、ペルーなどへ渡った移民が資金を出して建立した。養蚕地帯だった福島県北地域は昭和初期の恐慌で移民が増えたが、荒井は凶作と洪水を背景に、明治、大正期から移民が多かったのだ。

環境学習の場に

水生生物が多様な荒川は、子どもの環境学習の格好のフィールドだ。協議会のボランティアが学習を支援し、かつて年約1200人を受け入れた。原発事故で激減したが、ようやく1000人まで戻った。

同市吉井田小（児童463人）の5年生93人は2018年5月、総合学習で荒川の水質検査に取り組んだ。

加藤大樹君(11)は「トビケラがいて、水がきれいだと分かった。桜づつみ河川公園は春はお花見して、いつも友達との遊び場で、楽しい」と笑顔で話す。

山内日菜子さん(11)も目を輝かせる。「日本一きれいな荒川は、とても誇らしい。ごみを捨てず、落ちているごみは拾って、荒川をずっときれいにしたい」

郷土の宝を守り続ける人の心に、清流がきらめく。

水質が最も良好な河川　水の汚れを示す生物化学的酸素要求量（BOD）の年平均値が、1リットル当たり0・5ミリグラム（環境省が定める報告下限値）の1級河川を指す。2017年調査では全国16河川と判定され、東北では荒川のほか、鮭川（最上川水系）、玉川（雄物川水系）が入った。

コラム

水質浄化活動　良好な河川　次世代へ

「アメンボだ」。阿武隈川沿いの角田市桜小の児童が歓声を上げながら、地域住民とプール清掃に取り組んだ。桜小では2005年から、市地域婦人会が協力してプール清掃を行っている。佐倉地区は阿武隈川流域の田園地帯。塩素系化学洗剤などを使わずにプールをきれいにし、阿武隈川の水質汚染を防ごうと試みている。学校と婦人会、あぶくま川水系角田地区土地改良区の3者で連携し、農業用水路の浄化も行っている。

婦人会は04年、水質浄化活動を始めた。当時、阿武隈川の水質が全国的にも最低水準だったことがきっかけという。婦人会長の鎌田三千子さん(80)は「毎日何げなく流している生活排水が阿武隈川を汚していると知って驚いた。先人から委ねられた環境を引き継ぐため、自分たちにできることはないか考えた」と語る。

鎌田さんは旧満州（中国東北部）生まれ。山形県出身の父が両親を亡くして満州に渡り、南満州鉄道（満鉄）関連の農学校で学んでタバコの栽培指導員になった。現地で誕生したのが鎌田さんだ。山形県は満州国建設を主導した石原莞爾の出身地で、長野県に次いで全国2番目に満州開拓移民が多かった。

終戦直前、関東軍は移民を見捨てて退却。父が即日召集されたため一家は離れ離れになり、引き揚げは悲惨を極める。鎌田さんの３歳の妹は、おにぎりを食べる力もなくなり、10月にようやく父と再会できたものの、その日のうちに亡くなった。５歳の弟も栄養失調で亡くなり、日本の土を踏めなかった。「形あるものはなくなる。人から奪えないのは教育」が父の信念。鎌田さんは短大に進み、幼児教育の道を歩んだ。

一緒にプールを清掃する桜小の児童と鎌田さんたち

「死んで当然の状況で、自分は生かされた。命を大事に、少しでも社会の役に立ちたい。戦争が原点です。欲や憎しみが拡大していくのが戦争で、平和を守るには一人一人の分別が必要。子どもたちに命の大切さ、思いやりの心を理解してほしい」と言う鎌田さん。

オードリー・ヘプバーンの言葉が好きだという。「年を重ねると、自分に二つの手があることに気付くでしょう。一つは自分を助け、もう一つは他の人を助けるのです」。地域活動に熱心に取り組む姿に、祈りとも言うべき使命感や情熱を感じた。

エピローグ

「共生」　郷土愛育てる

阿武隈川源流の福島県西郷村川谷地区は、戦前の旧満州（中国東北部）開拓移民政策に関与した加藤完治が開拓を計画した。

加藤が所長を務めた「満蒙開拓指導員養成所」の教え子だった八島時弥さん(92)によると、加藤は最も条件の悪い土地を選んだ。「悪い場所で成功すれば、どこでも開拓できると考えた」と言う。八島さんのような養成所員や、満蒙開拓青少年義勇軍関係者らが川谷に入植した。

原発事故が象徴

満州移民、安積開拓、原爆研究。阿武隈川流域の随所に、近代日本の国策が刻印されている。阿武隈山地をはさんだ浜通りでの東京電力福島第1原発事故は、その延長と言える。拡大再生産のため、人間に都合よく自然を利用した近代。自然の声を聞くことを軽んじた傲慢《ごうまん》さが、原発事故に象徴されている。

原発を巡り、安倍晋三首相が東京五輪招致に際し「アンダーコントロール」と言い放ったのが

夕暮れの阿武隈川

忘れられない。生活者感覚と遊離した為政者の認識とともに、いかに現代が自然への畏敬の念に乏しいかを感じた。

連載第1部「舟運」で、江戸時代から福島が中央に依存していた歴史を取材した。旧知の福島市の医療法人経営堀越ミヤさん(67)は「電気も食糧も東京こそ福島に依存し、共依存と言える。そのことが原発事故で浮き彫りにされた」と記事の感想を話してくれた。

近代までは日本統一のライン、近現代は国家経営のキーストーン。阿武隈川は、節目節目で日本の針路を左右してきた「ルビコン川」であると筆者は思う。

感性を培う土壌

では、災後の時代の鍵も阿武隈川流域で探せな

「牟宇姫とボクとあの殿様」を熱演する児童たち
＝2018年11月、角田市のかくだ田園ホール

いか。

視覚障害がありながら、息子のサポートで写真を撮影してきた高畑力久さん（62）＝須賀川市＝を訪ねた。阿武隈川支流の釈迦堂川の花火は、打ち上げ音を聞き、時間を計って撮る。

近代は相手の言葉を丁寧に聞くより、自分の主張を声高に訴えることが優先された。その超克には、高畑さんのように耳を澄ます姿勢が必要ではないか。

東日本大震災時に世界の共感を呼んだ東北人のモラルは、一過性の話題でなく、これからの価値観の基礎であってよい資質だ。

「川は政治、経済、文化の道で、水を制する者が国を制した。川を軸に歴史を考えると面白い」と話すのは、福島市史編纂《へんさん》室嘱託職員で日本考古学会員の柴田俊彰さん（69）だ。

福島市が提唱し1994年から続けられている阿武隈川サミットの発足に、市の担当職員として携わった柴田さんは「川に生かされた縄文時代、治水が必要になった弥生時代。川との関わりは変化してきたが、川との共生は古くて新しいテーマだ」と語る。

角田市で2018年11月、江戸時代の角田の治水をテーマにした、仙南の児童劇団「AZ9ジュニア・アクターズ」の創作劇「牟宇《むう》姫とボクとあの殿様」があった。殿様に領内の安寧を訴える農民を演じた同市北郷小6年南條万葉《かずは》さん(12)は「角田の歴史の深さを知ることができた」と喜んだ。

ふるさとの歴史を知りたいとの思いが郷土愛の原点だ。知と愛の調和の取れた学び、生活圏に根差して自然に感謝する感性を培う豊かな土壌が、阿武隈川流域にあるはずだ。

那須甲子連峰を望む阿武隈川沿いの道＝白河市金勝寺

「阿武隈川物語」関連年表

年代（元号）	阿武隈川流域を巡る出来事	日本の主な出来事
701（大宝1）		大宝律令を制定。
710（和銅3）		平城京（奈良）に遷都。
712（和銅5）		古事記なる。
713（和銅6）	陸奥国に丹取郡が建てられる。	
718（養老2）	陸奥国を亘理・宇田郡など6郡を割いて石城国、信夫・安積など5郡を割いて石背国が置かれる。	
720（養老4）		日本書紀なる。
724（神亀1）	蝦夷の大反乱。多賀城碑によれば、この年に多賀城が置かれる。石城国・石背国が再び陸奥国に編入される。	
728（神亀5）	陸奥国に白河軍団が置かれる。	
789（延暦8）	阿弖流為《あてるい》が衣川で征討軍を破る。	
794（延暦13）		平安京に遷都。
802（延暦21）	坂上田村麻呂が蝦夷を征討。阿弖流為が斬首される。	
869（貞観11）	貞観地震・津波。	
1189（文治5）	奥州合戦で源頼朝が奥州藤原氏を滅ぼす。常陸(茨城県)の中村氏が伊達郡を与えられ、伊達氏を名乗る。	

年代（元号）	阿武隈川流域を巡る出来事	日本の主な出来事
1192（建久3）		源頼朝が鎌倉幕府を開く。
1333（元弘3）	北畠顕家が陸奥守として多賀城に赴く。	鎌倉幕府滅亡。
1334（建武1）		後醍醐天皇の親政始まる。
1337（延元2）	北畠顕家が霊山（伊達市）に陸奥国府を置く。	
1338（延元3）	北畠顕家が戦死。	足利尊氏が征夷大将軍になる。
1339（延元4）	北畠親房が白河の結城氏らを説得するため「神皇正統記」を著す。	
1536（天文5）	伊達稙宗が分国法「塵芥集」を定める。	
1603（慶長8）		徳川家康が江戸幕府を開く。
1611（慶長16）	慶長地震・津波。	
1664（寛文4）	米沢藩の家督問題に絡み、福島県信夫・伊達地方が幕府直轄地となる。	
1670（寛文10）	河村瑞賢が阿武隈川舟運の水路を整備。	
1671（寛文11）	東廻り航路で河村瑞賢が江戸へ廻米を開始。	
1689（元禄2）	松尾芭蕉の奥の細道紀行。	
1773（安永2）	伊達地方が幕府の許可を得て「奥州蚕種本場」となる。	
1868（明治1）	戊辰戦争（白河の戦い、二本松少年隊の悲劇など）。	明治維新で明治政府成立。
1873（明治6）	福島県と開成社が安積開拓に着手。	

年代（元号）	阿武隈川流域を巡る出来事	日本の主な出来事
1874（明治7）		民撰議院設立の建白書提出。
1875（明治8）	福島県石川町に自由民権運動結社「石陽社」有志会議が開設される。	自由民権運動が活発化する。
1876（明治9）	明治天皇が第1次東北巡幸。	
1878（明治11）	全国初の福島県会が開かれる。	
1879（明治12）	安積開拓が国家事業に認可される。	
1881（明治14）	明治天皇が第2次東北巡幸。霊山神社が創建される。	国会開設の詔。
1882（明治15）	福島事件で自由民権運動家が弾圧される。安積疏水通水。	
1889（明治22）		大日本帝国憲法発布。
1891（明治24）	江尻閘門（角田市）が改修され、石造りとなる。	
1894（明治27）		日清戦争始まる。
1899（明治32）	日銀福島出張所（福島市）が開設される。	
1904（明治37）		日露戦争始まる。
1907（明治40）	角田上水完成。	
1914（大正3）		第1次世界大戦始まる。
1919（大正8）	阿武隈川の直轄改修始まる。	
1925（大正14）		普通選挙法、治安維持法成立。

年代（元号）	阿武隈川流域を巡る出来事	日本の主な出来事
1929（昭和4）		世界恐慌。
1931（昭和6）		満州事変勃発。
1932（昭和7）		満州国建国。五・一五事件。
1933（昭和8）		日本が国際連盟脱退。
1934（昭和9）	冷害で疲弊した農村救済のため、東北振興調査会が設置される。	
1936（昭和11）	東北振興調査会の答申に基づき、「東北興業」「東北振興電力」が設立される。	二・二六事件。満州開拓移民推進計画決定。
1937（昭和12）	福島県矢吹町に陸軍矢吹飛行場が開設される。	日中戦争勃発。満蒙開拓青少年義勇軍が発足。
1938（昭和13）	蓬莱発電所（福島市）が完成。	国家総動員法成立。
1939（昭和14）		第2次世界大戦始まる。
1941（昭和16）	阿武隈川洪水、流域の死傷者69人。	日本が真珠湾を攻撃、米英に宣戦し太平洋戦争始まる。
1945（昭和20）	郡山空襲。満蒙開拓指導員養成所の関係者らが福島県西郷村川谷に入植。	第2次世界大戦、太平洋戦争終結。

おわりに

たどりつくといつも　そこには　川が横たわっている

佐野元春のアルバム「SOMEDAY」収録の「Rock & Roll Night」。学生時代、友人とドライブしながらよく聴いた。ルートは多摩川か相模川沿いが主だった。

実家は横浜市で、鶴見川支流の恩田川流域にある。学生時代の恩師の一人に、鶴見川流域・多摩丘陵から三浦半島の自然保護活動を実践する生物学者がいる。子どもが遠足で電車などに乗って流域外に出るのを悲しんだ、というエピソードを持つ人だ。「人の生活圏としての川」を意識するようになったのは、恩師の背中を通してだった。

小学生のとき、山村のやんちゃ坊主たちの童話「三太物語」（青木茂）が好きだった。舞台は相模川上流の道志川。ウナギを捕ったり、ヤマメを釣ったり、大自然を駆け巡るガキ大将がたのもしかった。漠然と物書きになりたいと最初に思ったのは「三太」を読んだときだった。

縁あって阿武隈川にたどりついた。対岸に市街地が広がり、信夫山がそびえる福島市渡利、製紙工場が浮かぶように見える岩沼市の阿武隈川。そこにたたずむと、自然と人間の対話を感じた。那須甲子連峰と小峰城を望む白河市金勝寺の川べり。思索を深めるのに絶好の散策場所だった。宮城県亘理町荒浜の河口。東日本大震災からの復興にかける人々に触れ、忍耐と希望を捨てない強さを教わった。蔵王や斗蔵山を見渡す角田市中島の堤防。水との闘いを思い、人生の苦難に立ち向かう勇気をもらった。

２０１９年10月の台風19号で、阿武隈川の氾濫などで犠牲になられた方々に哀悼の誠を捧げるとともに、被災された方々に心からお見舞い申し上げます。一日も早い復興をお祈りします。不屈の意志をもって阿武隈川流域を切り開いてきた人々の物語が、復興への心の支えの一つになることを願ってやみません。

取材にご協力いただいた阿武隈川流域の皆さまに、あらためて深く感謝を申し上げます。また職場関係者の協力なしに、連載の執筆と出版はあり得ませんでした。

この本を妻千恵、長男悠人に捧げます。

２０１９年10月

会田　正宣

主な参考文献

「角田市史」「岩沼市史」「丸森町史」「亘理町史」「柴田町史」
「福島市史」「郡山市史」「白河市史」
「阿武隈川の舟運」（竹川重男、歴史春秋社）
「阿武隈川の歴史と文化」（阿武隈川サミット実行委員会）
「川とともに生きる　阿武隈川の舟運と丸森の人々」（丸森町教育委員会・丸森町文化財友の会）
「よみがえるふるさとの歴史①荒浜湊のにぎわい」（井上拓巳、蕃山房）
「江戸の転勤族」（高橋章則、平凡社）
「戦国時代の南奥羽社会」（遠藤ゆり子、吉川弘文館）
「亜米利加で大うけの佐野製糸」（志間泰治、金山を語る会）
「縞帳を尋ねて　郷土の織りの伝承」（高橋キヨ子・佐藤和子、歴史春秋社）
「蝦夷」（高橋富雄、吉川弘文館）
「東北の歴史と開発」（高橋富雄、山川出版社）
「白河郡衙遺跡群」（鈴木功、同成社）
「伝説のなかの神　天皇と異端の近世史」（平川新、吉川弘文館）

「石川史談　第24号」（石陽史学会）
「安積開墾の展開過程」（矢部洋三、日本経済評論社）
「安積開拓全史」（立岩寧、青史出版）
「国家に翻弄された戦時体制下の東北振興政策」（一戸富士雄、文理閣）
「光のひび」（駒田晶子、書肆侃侃房）
「セシウムの雨」（今野金哉、現代短歌社）
「アルバム高村智恵子　その愛と美の軌跡」（二本松市教育委員会）
「さわやか詩集第30号」（矢吹町図書館）

著者紹介

会田　正宣（あいだ・まさのぶ）

● 1972年生まれ、横浜市出身。慶応大総合政策学部卒。94年、河北新報社入社。報道部、福島総局、岩沼支局、白河支局、角田支局長などを経て2019年4月から生活文化部。

［表紙写真］
宮城県丸森町の丸森大橋から望む阿武隈川

阿武隈川物語
—流域の歴史と文化

発　行　2019年11月16日　第1刷
　　　　2020年 8月23日　第2刷
著　者　会田　正宣
発行者　佐藤　純
発行所　河北新報出版センター
〒980-0022
仙台市青葉区五橋一丁目2-28
河北新報総合サービス内
TEL　022(214)3811
FAX　022(227)7666
https://kahoku-ss.co.jp/
印刷所　山口北州印刷株式会社

定価は表紙に表示してあります。
乱丁、落丁本はお取り替えいたします。

ISBN　978-4-87341-394-5

河北選書

歴史を知る　文化を知る　宮城を知る

212ページ

日高見の時代

古代東北のエミシたち

野村哲郎 著
河北新報社編集局監修

「日高見国」は日本書紀景行天皇の条に初出の地名で「東方にあるエミシの国」の意味。今の北上川流域の広い地域を指す。古代朝廷のゆがんだ中央意識によって「蝦夷」とさげすまされ、生活基盤を脅かされ続けてきた人々の歴史を、この北の大地に据えた視座から問い直す。

800円+税

226ページ

せんだい　歴史の窓

菅野正道 著

仙台の歴史というと、誰もが伊達政宗を思い浮かべる。政宗が傑出して魅力的な人物であることは否定しないが、彼があまりにまぶしいため、ほかのことが見えにくくなっていないだろうか。政宗のまぶしさからちょっと離れ、仙台の歴史を、視点を変えて眺めたい。

800円+税

314ページ

政宗の夢　常長の現

慶長使節四百年

濱田直嗣 著

慶長大津波の直後から伊達政宗は、領内の復旧・発展に資する施策の一つに海外交流を掲げた。帆船を造り、大使に支倉常長を抜擢し、2年後に大海の彼方に送り出した。東日本大震災の困難を乗り越えようとしている今こそ、壮大な歴史テーマを学びたい。

1,000円+税

河北選書

歴史を知る　文化を知る　宮城を知る

276ページ

みやぎのアイヌ語地名

太宰幸子著

地名は多くの情報を秘めている。著者は県内各地を訪ね歩いて聞き取り調査を重ね、地形などを自らの目で確認。かつて住んでいたアイヌ語を話す人たちが付けた地名が多いことを突き止める。

1,000円+税

304ページ

生かされて生きる ～震災を語り継ぐ～

齋藤幸男著

東日本大震災発生時、東松島市にある石巻西高校は避難所となって被災者を受け入れる一方、生徒の安全安心の確保や授業、部活動の再開など多くの課題に直面した。当時教頭を務めていた著者は震災から7年間の出来事を丹念に記録、後々まで伝えたいと活動する。

1,000円+税

192ページ

東北のジュリエット ～シェイクスピアの名せりふ

下館和巳著

「あ～ロミオ、なすてあんだはロミオなのっしゃ？」もしも、ロミオとジュリエットの舞台を東北に移したら―。難しい台詞も方言ならすんなり頭に入るかも!?シェイクスピア劇を東北弁で公演してきた著者が贈る名講義。

800円+税